La destinée d'ISRAËL et de l'EGLISE

DEREK PRINCE

ISBN 978-1-78263-124-8

Originally published in English under the title "The Destiny of Israël and the Church", 1992, ISBN 0-85009-562-X.

Traduit avec permission de Derek Prince Ministries International USA, P.O. Box 19501, Charlotte, North Carolina 28219-9501, USA.

Droits d'auteur: Derek Prince. Tous droits réservés.

Droits d'auteur traduction mai 1996: DPM International. Tous droits réservés.

Traduit par Frank Murati.

Aucun extrait de cette publication ne peut être reproduit ou transmis sous une forme quelconque, que ce soit par des moyens électroniques ou mécaniques, y compris la photocopie, l'enregistrement ou tout stockage ou report de données sans la permission écrite de l'éditeur.

Sauf autre indication, les citations bibliques de cette publication sont tirées de la traduction Louis Segond "Nouvelle Edition".

Publié par Derek Prince Ministries France, année 1996.

Deuxième impression, mai 1998.

Dépôt légal deuxième impression: 2e trimestre 1998.

Dépôt légal troisième impression: 3e trimestre 2001.

Dépôt légal quatrième impression: 1e trimestre 2012.

Cinquième impression : 2e trimestre 2013.

Imprimé en France par IMEAF - Numéro d'impression : 94537

Pour tout renseignement:

DEREK PRINCE MINISTRIES FRANCE
9, Route d'Oupia, B.P.31, 34210 Olonzac FRANCE
tél. (33) 04 68 91 38 72 fax (33) 04 68 91 38 63
E-mail info@derekprince.fr * www.derekprince.fr

Du même auteur:

****"Ils chasseront les démons"**
- ➢ *Ce livre de Derek Prince de 288 pages, qu'il a écrit en 1997, constitue un manuel solide et biblique traitant le sujet délicat de la délivrance d'une façon modérée, réaliste et équilibrée.*

****"Cours d'Etude Autodidactique de la Bible"**
- ➢ *Logique, profond et équilibré. Très pratique, traitant tous les grands sujets de la foi chrétienne, avec questions/réponses et versets à mémoriser. Surtout très utile pour des nouveaux chrétiens.*

****"Protection contre la séduction"**
- ➢ *Quels devraient être les fruits d'un réveil? Comment discerner entre le vrai et le faux? Un livre tout à fait actuel et équilibré.*

****"Le remède de Dieu contre le rejet"**
- ➢ *Peut-être que le rejet est-il la cause de la douleur la plus profonde, formant l'une des blessures les plus sensibles et vulnérables de l'homme. C'est une expérience courante de nos jours, et de nombreuses personnes en souffrent. Dieu a-t-il pourvu à une solution? Ce livre vous le montrera.*

****"Prier pour le gouvernement"**
- ➢ *D'une façon claire, Derek Prince montre pourquoi il est logique de prier "avant toutes choses" pour ceux qui sont haut placés (1 Tim. 2:1-2). Un enseignement simple et compréhensible, afin de savoir comment et pourquoi prier intelligemment pour le gouvernement.*

****"Les actions de grâces, la louange et l'adoration"**
- ➢ *Une étude profonde sur ce qu'un être humain peut connaître de plus élevé: adorer et louer son Dieu*

****"Le mariage: une alliance"**
- ➢ *En traitant l'une des choses pouvant être la plus profonde et la plus précieuse de la vie, Derek Prince explique ce que le mariage est avant tout aux yeux de Dieu: **une alliance**. Tout comme la Nouvelle Alliance de Jésus était impossible sans sa mort, de même l'alliance du mariage est impensable si les*

conjoints ne renoncent pas à leur propre vie, l'un par rapport à l'autre

**"Votre langue a-t-elle besoin de guérison?"
➢ *Tôt ou tard, chaque chrétien est confronté au besoin impératif de contrôler sa langue, mais il n'y parvient pas. Derek Prince apporte au lecteur l'enseignement biblique et les étapes pratiques nécessaires pour discipliner la langue.*

**"L'Eglise et ses ministères"
➢ *Une série de six brochures de 32 pages chacune: "L'Eglise universelle", "L'Eglise locale", "Les apôtres", "Les prophètes", "Les évangélistes et les enseignants" et "Les bergers et les diacres". Disponible séparément ou en série.*

**"Dieu est un Faiseur de mariages"
➢ *Comment se préparer au mariage? Quel est le plan de Dieu pour le mariage? Qu'est-ce que la Bible dit sur le divorce? Est-ce que la Bible permet de se remarier? Dans quelles conditions? Vous trouverez des réponses claires et bibliques à ces questions si pressantes, à partir d'une expérience personnelle et de plus de cinquante ans de ministère.*

**"Le plan de Dieu pour votre argent"
➢ *Dieu a un plan pour tous les aspects de votre vie, y compris celui de vos finances. Dans ce livre, Derek Prince révèle comment gérer votre argent pour que vous puissiez vivre sous la bénédiction de Dieu et dans l'abondance qu'il a voulues et entendues pour vous.*

Et autres.

Ecrivez à notre adresse pour recevoir gratuitement un catalogue de tous les livres et de toutes les CD et DVD de Derek Prince, des lettres d'enseignement gratuites (France et DOM/TOM) et pour être tenu au courant de toutes les nouvelles éditions, et toute autre nouvelle de:

DEREK PRINCE MINISTRIES FRANCE
9, Route d'Oupia, B.P.31, 34210 Olonzac FRANCE
tél. (33) 04 68 91 38 72 fax (33) 04 68 91 38 63
E-mail info@derekprince.fr * www.derekprince.fr

INTRODUCTION

L'une des caractéristiques unique de la Bible réside en ses prophéties concernant l'avenir. Aucun livre sacré d'aucune autre religion du monde n'offre quelque chose de comparable à la Bible à cet égard. Ses prophètes ont constamment prédit - avec une précision stupéfiante et des descriptions détaillées - des événements de l'histoire de nombreux siècles avant qu'ils ne se produisent. Cela est l'une des plus grandes démonstrations de l'inspiration surnaturelle de la Bible.

Dans Esaïe 46:9-10, le Dieu de la Bible dit de lui-même:

> *Car je suis Dieu, et il n'y en a point d'autre, je suis Dieu, et nul n'est semblable à moi. J'annonce dès le commencement ce qui doit arriver, et longtemps d'avance ce qui n'est pas encore accompli; je dis: Mes arrêts subsisteront, et j'exécuterai toute ma volonté.*

La capacité à *prédire* l'histoire avec une telle exactitude implique nécessairement l'aptitude à la *contrôler*. Pour cette raison, Dieu peut dire avec une assurance absolue: "Mes arrêts subsisteront."

Un des thèmes majeurs des prophéties bibliques est le destin d'Israël. De sa naissance en tant que nation jusqu'à la consommation finale de sa destinée, chaque étape principale a été prédite par ses propres prophètes. Au moins quatre-vingt pour cent de toutes ces prophéties se sont déjà précisément accomplies. Par conséquent, il est tout à fait raisonnable de s'attendre à ce que les vingt pour cent restant s'accomplissent avec la même précision.

Il existe un autre peuple dont la destinée est tissée avec l'histoire d'Israël: l'Eglise de Jésus-Christ. Cette dernière avait son origine au-dedans d'Israël, mais au cours des siècles les destinées de ces deux peuples - Israël et l'Eglise - ont grandement divergé, malgré une interaction continue.

L'Eglise, tout comme Israël, avait ses prophètes. Le plus grand d'entre eux fut son chef fondateur et suprême, Jésus de Nazareth. A travers Jésus et ses apôtres, les principales grandes lignes de l'histoire de l'Eglise ont été prophétiquement dévoilées à l'avance. Celles-ci se sont également progressivement accomplies jusqu'à notre époque.

Une des fonctions essentielles des prophéties est d'apporter au peuple de Dieu une vision claire de sa destinée, divinement arrêtée. Sans une telle vision, il trébucherait et chuterait inévitablement. Cela s'applique pareillement à Israël et à l'Eglise. C'est pourquoi Salomon dit, dans Proverbes 29:18, que sans vision prophétique, le peuple périt.

C'est l'absence d'une telle vision qui a conduit à la destruction de Jérusalem en 586 avant Jésus-Christ. Après que la ville eut été totalement détruite par les armées de Babylone, le prophète Jérémie disait d'elle:

> *... elle ne songeait pas à sa fin* (angl.: "sa destinée")*; elle est tombée d'une manière étonnante...*
> Lamentations 1:9

Environ 600 ans plus tard, Jésus lui-même parla en termes similaires à la même ville:

> *Si toi aussi, au moins en ce jour qui t'est donné, tu connaissais les choses qui appartiennent à ta paix! Mais maintenant elles sont cachées à tes yeux. Il*

> *viendra sur toi des jours où tes ennemis t'environneront de tranchées, t'enfermeront, et te serreront de toutes parts; ils te détruiront, toi et tes enfants au milieu de toi, et ils ne laisseront pas en toi pierre sur pierre, parce que tu n'as pas connu le temps où tu as été visitée.* (Luc 19:42-44)

Jérusalem, cependant, n'est qu'un éminent exemple historique des tragiques conséquences qui s'ensuivent lorsque le peuple de Dieu ne réussit pas à comprendre sa destinée. Les mêmes principes s'appliquent aussi bien à Israël, en tant que peuple, qu'à l'Eglise. Dans chaque cas, l'empêchement de comprendre sa destinée aura pour conséquence une tragédie.

Mais on n'a pas besoin d'en arriver là! A travers les Ecritures prophétiques, Dieu a donné - à Israël comme à l'Eglise - tout ce dont ils ont besoin pour comprendre et accomplir leur destinée. Puisse-t-il ne pas être dit de l'un ou de l'autre que l'échec et le désastre survinrent "parce que tu n'as pas connu le temps où tu as été visité".

L'une des caractéristiques les plus passionnantes de la période dans laquelle nous vivons actuellement est que les destinées d'Israël et de l'Eglise sont en train de commencer de nouveau à converger. Leur convergence produira les événements les plus dramatiques et les plus significatifs de toute l'histoire humaine.

C'est mon désir sincère, et ma prière, que ce livre donne une image d'ensemble claire des événements impressionnants qui attendent à la fois Israël et l'Eglise.

Derek Prince
Jérusalem 1992

1. AU CENTRE DE L'ATTENTION MONDIALE

Pourquoi Israël est-il au centre de l'attention des médias du monde entier? Pourquoi les chefs des gouvernements, qui sont normalement pragmatiques et diplomates, explosent-ils en élans émotionnels lorsqu'il est question d'Israël? Pourquoi l'Organisation des Nations Unies consacre-t-elle trente pour cent de son temps et un tiers de ses résolutions à Israël - un pays minuscule, n'ayant que cinq millions d'habitants?

Il y a une seule source pour une réponse claire faisant autorité: *la Bible*. Bien qu'elle fût achevée des millénaires avant que les problèmes actuels n'apparaissent au Moyen-Orient, la Bible fournit une analyse d'inspiration surnaturelle des problèmes ainsi que des influences en jeu.

Israël occupe une place unique dans les controverses actuelles parce que les desseins de Dieu sont également uniques. La parole prophétique de Dieu révèle que cet âge présent culminera avec la restauration et la rédemption d'Israël. Par conséquent, plus nous nous rapprocherons de la fin des temps, plus les pressions autour d'Israël seront intenses.

Ces événements, centrés autour d'Israël, détermineront aussi le destin de Satan, l'adversaire séculaire de Dieu et de l'homme. Dans 2 Corinthiens 4:4, Satan est appelé "le dieu de ce siècle". Il est bien conscient que lorsque la rédemption d'Israël sera achevée, et que cet âge se terminera, il ne pourra pas davantage se poser comme un dieu. Il sera dépouillé de son pouvoir de tromper et de manipuler l'humanité, et sera soumis au jugement de Dieu. C'est pourquoi, en ce moment, il est en train de déployer toute sa stratégie trompeuse, ainsi que d'exercer tout son pouvoir diabolique pour opposer au processus de restauration d'Israël.

Alors voilà les deux principales forces spirituelles qui entrent en conflit à propos du Moyen-Orient: d'un côté, la grâce de Dieu à l'oeuvre pour la restauration d'Israël; de l'autre, les stratégies trompeuses de Satan s'opposant par tous les moyens dont il dispose au processus de restauration. Cela est la vraie raison, quoique invisible, des luttes et des tensions auxquelles Israël est à présent confronté.

La majeure partie de la stratégie de Satan contre Israël a été d'obscurcir la vérité telle qu'elle est révélée dans la Bible. Il est extraordinaire que tant de confusions aient existé, et existent encore aujourd'hui dans l'Eglise, en ce qui concerne les desseins de Dieu pour Israël. Le combat pour Israël est, en fait, le combat pour la vérité. Il y a deux aspects essentiels de la vérité que nous considérerons ici: l'*identité* d'Israël et la *destinée* d'Israël. Lorsque nous les aurons examinés, nous aurons à étudier si la destinée d'Israël fait aussi la lumière sur la destinée de l'Eglise. Enfin, quelle est la responsabilité de l'Eglise envers Israël en cette période de crise?

* * * * * * *

2. QUI EST ISRAËL?

L'incompréhension, l'ignorance et la déformation presque illimitées de la vérité se sont infiltrées dans l'Eglise pendant de nombreux siècles en ce qui concerne l'identité d'Israël. Je trouve cela extraordinaire, alors que les déclarations de la Bible à l'égard d'Israël sont si claires. Néanmoins, les pensées des multitudes de chrétiens semblent s'être obscurcies quant à l'application du nom d'*Israël*.

Dans une partie ultérieure de ce livre, nous étudierons un sujet parallèle: la façon dont le mot "Eglise" est employé dans le Nouveau Testament[1]. Là aussi, nous découvrirons que l'identité de la véritable Eglise, ainsi que celle d'Israël, ont été voilées par une confusion qui a obscurci les desseins véritables de Dieu.

On peut remonter jusqu'à l'origine de cette confusion au sujet d'Israël en étudiant les pères de l'Eglise primitive, qui développèrent une doctrine affirmant que cette dernière avait remplacé Israël quant au plan de Dieu, et qu'elle devait être connue comme étant le "nouvel Israël". Cette sorte d'enseignement fut répandu aux environs de l'année 150 après Jésus-Christ par Justin Martyr et fut plus tard adopté et amplifié par de célèbres personnages tels Irénée, Origène et Augustin. De plus en plus, l'Ancien Testament fut interprété d'une façon "allégorique", qui ne rendait plus justice à l'évidente signification de bien des textes.

Il est significatif qu'à peu près à la même époque, la doctrine de l'Eglise dans son ensemble fut progressivement corrompue, perdant la pureté et la simplicité de la révélation

---

[1] Voir au chapitre 7, "Qui est l'Eglise?"

apostolique contenue dans le Nouveau Testament. Le résultat final de ce processus de corruption fut la période noire de l'Eglise, devenue dans son ensemble, corrompue, spirituellement, moralement et dans sa doctrine.

A partir de l'an 400 après Jésus-Christ, le nom d'Israël a régulièrement été utilisé par des docteurs, des commentateurs et même des traducteurs de la Bible, comme un synonyme de l'Eglise. Par exemple, dans une merveilleuse édition de la version King James (d'après laquelle j'ai prêché pendant trente-cinq années), les passages suivants sont pris parmi ceux dont les titres apparaissent en haut des pages dans les derniers chapitres d'Esaïe.

Le chapitre 43 débute par ces mots: "Ainsi parle maintenant l'Eternel qui t'a créé, ô Jacob! Celui qui t'a formé, ô Israël! Ne crains rien..." Mais le titre au sommet de la page dit: "Dieu console *l'Eglise*[2] avec ses promesses".

De nouveau, le chapitre 44 commence avec les mots: "Ecoute maintenant, ô Jacob, mon serviteur! ô Israël, que j'ai choisi!" Mais le titre en haut de la page dit: "*L'Eglise*[3] consolée".

De tels titres, insérés dans le texte, produisent un effet subliminal - c'est-à-dire en deçà du seuil de la conscience ordinaire. Néanmoins, leur impact, accumulé au cours des siècles, est incalculable. De nombreuses générations de chrétiens ont inconsciemment tenu comme établi qu'ils faisaient partie du texte original, alors qu'ils n'en faisaient pas partie! Alimentés par les éditeurs, des siècles plus tard, ils travestissent ce qu'Esaïe a dit en réalité, appliquant à l'Eglise des paroles qui sont spécifiquement adressées à Israël *par son nom*.

La vérité en son essence est simple: Israël est Israël,

---

[2] Italique ajouté.

[3] Italique ajouté.

et l'Eglise est l'Eglise.

Pour retrouver la vérité à propos de l'identité d'Israël, il est nécessaire de retourner au vrai texte du Nouveau Testament, et de voir comment les apôtres employaient le mot *Israël*. C'est le seul fondement légitime pour un usage bibliquement précis de ce terme. Depuis que le canon des Ecritures est clos, aucun écrivain ni prédicateur subséquent n'a jamais été autorisé à changer l'usage des mots établi par les écrivains apostoliques du Nouveau Testament. Tout écrivain ou prédicateur qui introduit une application différente du terme *Israël* perd le droit de revendiquer une autorité scripturaire pour ce qu'il a à dire à propos d'Israël.

J'ai découvert soixante-dix-sept exemples dans le Nouveau Testament où les mots *Israël* ou *Israélite* apparaissent[4]. Après les avoir tous examinés, j'en ai conclu que *les apôtres n'ont jamais employé Israël comme un synonyme de l'Eglise*.

Pas plus que l'expression "le nouvel Israël" ne se trouve dans le Nouveau Testament. Les prédicateurs qui utilisent cette expression devraient prendre soin de définir l'usage qu'ils en font. Ils devraient aussi déclarer qu'on ne la trouve pas dans la Bible.

Il y quelques années, alors que j'étais en train de m'adresser à un groupe de gens en Israël, il arriva que je faisais remarquer que le nom d'Israël n'est jamais utilisé dans les Ecritures comme un synonyme de l'Eglise. Les personnes de ce groupe étaient des chrétiens matures, acquis à l'idée que le plan de Dieu pour les Juifs s'était accompli. Pourtant l'un d'eux - un ami de longue date - vint me voir par la suite. "C'est la première fois que j'entends quelqu'un dire qu'Israël n'est pas un synonyme de l'Eglise." Cette remarque m'aida à

---

[4] Le lecteur ferait bien de lire avec attention la liste complète des soixante dix-sept passages donnés dans l'Appendice I.

réaliser combien cette fausse interprétation était largement répandue.

Israël, d'un autre côté, est souvent utilisé comme un "modèle" pour l'Eglise. Concernant les expériences d'Israël pendant l'Exode, Paul dit:

> *Ces choses leur sont arrivées pour servir d'exemples* [ou modèles]*, et elles ont été écrites pour notre instruction...* (1 Corinthiens 10:11)

Cependant, dépeindre Israël comme un "modèle" pour l'Eglise est entièrement autre que que d'identifier l'Eglise à Israël.

Considérez, en guise d'illustration, que Jomo Kenyatta, le premier président du Kenya, puisse être décrit comme le "George Washington de son peuple", de la même façon que George Washington est considéré comme le père national des Etats-Unis. Autrement dit, la plupart des choses qui s'appliqueraient à George Washington à l'égard des Etats-Unis s'appliquent également à Jomo Kenyatta à propos du Kenya. Mais cela ne revient pas à dire que Jomo Kenyatta *était* vraiment George Washington. Il est tout aussi incorrect de dire que l'Eglise *est* Israël.

Malheureusement, l'Eglise a fréquemment adopté un principe "chrétien" d'interprétation qui est rarement énoncé clairement: "Toutes les bénédictions s'appliquent à l'Eglise et toutes les malédictions s'appliquent à Israël." Derrière ce principe d'interprétation repose l'affirmation (dans laquelle il y a beaucoup de vérité) qu'Israël a eu sa chance mais a été infidèle à Dieu. C'est pourquoi aujourd'hui ce type de raisonnement demeure que Dieu a changé d'avis et a orienté ses promesses, d'abord garanties à Israël, vers l'Eglise. Cependant, une telle conclusion remet en question la fidélité de Dieu.

Paul exprime sa réaction à une telle suggestion dans Romains 3:3-4. Analysant les conséquences de l'infidélité d'Israël, il dit:

> *"... Eh quoi! si quelques-uns n'ont pas cru, leur incrédulité anéantira-t-elle la fidélité de Dieu? Loin de là! Que Dieu, au contraire, soit reconnu pour vrai, et tout homme pour menteur..."*

Comme il a été établi précédemment, la seule façon légitime de s'assurer de l'emploi correct de mots tels que *Juif* ou *Israël* est d'examiner les vrais passages où ils se trouvent dans le Nouveau Testament.

* * * * * * *

3. QUI EST JUIF?

Commençons par le terme *Juif*. Ce mot apparaît environ deux cents fois dans le Nouveau Testament. De tous ces passages, le seul dans lequel le mot *Juif* est clairement utilisé d'une façon différente de la norme acceptée est Romains 2:28-29. Ces versets viennent à la fin d'un chapitre dans lequel Paul explique - avec une référence particulière au peuple juif - que la connaissance de la volonté de Dieu par la loi ne justifie personne. Une personne n'est pas juste simplement parce qu'elle connaît ce qui est juste. Au contraire, Paul dit que la connaissance accroît seulement la responsabilité humaine. Il continue en appliquant cela spécifiquement au peuple juif de son époque.

Cependant, avant d'utiliser cette déclaration contre le peuple juif d'aujourd'hui, nous avons besoin de nous souvenir que dix-neuf siècles se sont écoulés. Au temps de Paul, c'était essentiellement le peuple juif qui avait la connaissance de Dieu. Aujourd'hui, c'est nous, chrétiens, qui affirmons avoir la pleine connaissance de la volonté de Dieu révélée dans la totalité de la Bible. L'avertissement de Paul aux Juifs de son époque est probablement tout aussi nécessaire à l'Eglise d'aujourd'hui. Le fait que nous connaissions la volonté de Dieu et ce qui est juste ne nous rend pas justes; au contraire, cela accroît seulement notre responsabilité.

Après avoir signalé que les Juifs de son époque s'étaient écartés dans de nombreuses circonstances de la volonté de Dieu et avaient substitué au vrai dessein de Dieu dans les Ecritures une forme légaliste de religion, Paul termine le chapitre par ces paroles:

Le Juif, ce n'est pas celui qui en a les dehors; et la

circoncision, ce n'est pas celle qui est visible dans la chair. Mais le Juif, c'est celui qui l'est intérieurement; et la circoncision, c'est celle du coeur, selon l'esprit et non selon la lettre. La louange de ce Juif ne vient pas des hommes mais de Dieu. (Romains 2:28-29)

Lorsque Paul dit que "la louange de ce Juif ne vient pas des hommes", il joue sur la signification hébraïque du nom *Juif*, qui dérive du nom de la tribu de Juda et signifie "louange" ou "action de grâces". Lorsque Léa donna naissance à son quatrième fils, elle l'appela Juda (en hébreu, *Yehuda*), qui veut dire "je louerai le Seigneur". Aussi, la signification de Juda (*Yehuda*) ou *Juif* est "louange". C'est pourquoi Paul dit que si vous êtes un vrai Juif, votre louange devrait venir de Dieu et non des hommes. Dans un certain sens, ici il est en train de *restreindre* l'usage du mot *Juif*, et de dire que cela ne suffit pas d'en être un extérieurement. Un vrai Juif doit avoir la condition intérieure du coeur par laquelle il gagne la louange de Dieu.

Il est important de comprendre que là Paul n'est *pas en train d'étendre* l'usage du mot *Juif*, mais bien au contraire de le *restreindre*.

Il y a quelques années, je lisais un article dans un magazine britannique dans lequel l'auteur avait amoncelé quantité de critiques sur le dos d'Israël et déduit de ce passage des Romains la théorie que nous sommes tous Juifs! C'est vraiment très éloigné de l'enseignement du Nouveau Testament. Cela doit sûrement troubler les Juifs d'entendre que lorsque nous sommes en Christ, "il n'y a plus ni Juif ni gentil[*]", et ensuite "mais nous sommes tous Juifs".

---

[*]Note du traducteur: Le mot "gentil" signifie "étranger, païen".

Ce n'est pourtant pas ce que Paul avait en vue. Il est en train de dire que pour être un vrai Juif, il ne suffit pas qu'une personne en ait tous les signes extérieurs; elle doit *aussi* avoir la condition spirituelle intérieure qui lui confère la louange de Dieu, et par laquelle elle gagne cette louange de Dieu.

Appliquons la même idée dans un contexte chrétien. Nous pourrions dire à quelqu'un: "Si vous êtes un vrai chrétien, quand quelqu'un vous frappe sur une joue, vous devriez tendre l'autre." Mais nous ne voulons pas dire par là que ceux qui ne tendent pas l'autre joue n'ont pas le droit d'être appelés chrétiens. L'emploi spécial de "chrétien" dans ce contexte ne remplacerait évidemment pas l'emploi courant, accepté de ce mot.

S'ajoutant à Romains 2, il y a deux passages - Apocalypse 2:9 et 3:9 - où le Seigneur parle de "ceux qui se disent Juifs et ne le sont pas". Il y a diverses manières possibles d'interpréter ces passages. Il serait vraisemblable qu'ils s'appliquent à la même sorte de personnes que Paul décrit dans Romains 2 - celles qui ont les dehors d'être Juives, mais manquent de la condition spirituelle intérieure.

Supposez, cependant, que nous acceptions ces trois versets comme étant des exemples d'un usage spécial du mot *Juif* qui restreint ce terme à des Juifs qui remplissent certaines conditions spirituelles. Le fait demeure que parmi près de deux cents passages du Nouveau Testament, il y a seulement trois exemples avec cette signification spéciale, restrictive. Par conséquent, toute personne qui soutient cette thèse dans quelque passage que ce soit doit donner une raison solide, objective, et qui soit clairement exigée par le contexte.

C'est le nom que les juifs et les premiers chrétiens donnaient aux païens, aux infidèles. "Gentilité" veut dire "ensemble des peuples païens". (Source: dictionnaire "Petit Robert")

A coup sûr, cet usage extrêmement limité ne pourrait jamais remplacer le sens courant du mot *Juif*.

* * * * * * *

4. "ILS NE SONT PAS ISRAËL"

A présent, nous allons regarder les mots *Israël* ou *Israélite* tels qu'ils sont employés dans le Nouveau Testament. En tout, j'ai compté soixante-dix-sept passages où ces mots apparaissent[5]. Dans neuf cas, ce sont des citations directes des Ecritures de l'Ancien Testament, et à chaque fois, la signification dans le Nouveau Testament est exactement la même que dans l'Ancien. Il y en a en outre soixante-six qui ne sont pas tirés de l'Ancien Testament, mais dans tous ces cas, l'usage de ces mots dans le Nouveau Testament correspond avec celui de l'Ancien.

Il reste alors *seulement deux passages* dans lesquels *Israël* est utilisé dans un sens particulier. Comme avec le mot *Juif*, cet usage particulier d'*Israël* n'étend pas mais *restreint* l'application du mot.

On trouve le premier passage, avec cet emploi limité du mot, dans Romains 9:6-9, où Paul explique que même si Israël, en de nombreuses circonstances, n'a pas reçu ou obéi à la parole de Dieu, cela ne veut pas dire que celle-ci soit restée sans effet:

> *... Car tous ceux qui descendent d'Israël ne sont pas Israël, et pour être la postérité d'Abraham, ils ne sont pas tous ses enfants; mais il est dit: En Isaac sera nommée pour toi une postérité, c'est-à-dire que ce ne sont pas les enfants de la chair qui sont enfants de Dieu, mais que ce sont les enfants de la promesse qui sont regardés comme la postérité. Voici, en effet,*

---

[5] Voir la liste complète dans l'appendice I.

> *la parole de la promesse: Je reviendrai à cette même époque, et Sara aura un fils*
.

Paul explique ici qu'être physiquement descendant d'Israël - c'est-à-dire de Jacob - n'est pas suffisant. Pour obtenir la bénédiction promise par Dieu, une personne doit aussi faire preuve de la même foi qui caractérisait Abraham, Isaac et Jacob; autrement, elle n'est pas vraiment digne du nom d'*Israël*.

Laissez-moi attirer votre attention sur le fait que Paul, une fois de plus, n'est pas en train d'étendre l'usage d'*Israël* afin d'y inclure tous les croyants indépendamment de leur origine nationale. Au contraire, il est en train d'en restreindre son emploi pour y inclure seulement les descendants d'Israël qui sont dans la foi du Messie. C'est une erreur de suggérer que Paul décrit dans ce passage tous les croyants comme étant Israël.

A d'autres endroits, dans le même chapitre, Paul utilise *Israël* dans le sens normal de tous ceux qui descendent d'Abraham, d'Isaac et de Jacob. Aux versets 3-5, par exemple, il dit:

> *... Car je voudrais moi-même être anathème et séparé de Christ pour mes frères, mes parents selon la chair, qui sont Israélites, à qui appartiennent l'adoption, et la gloire, et les alliances, et la loi, et le culte, et les promesses, et les patriarches, et de qui est issu, selon la chair, le Christ, qui est au-dessus de toutes choses, Dieu béni éternellement. Amen!*

Ici, Paul appelle *Israélites* ceux qui ont effectivement rejeté le Messie. Néanmoins, il les appelle ses parents. "Je voudrais moi-même être anathème et séparé de Christ pour [eux]", écrit-il. Autrement dit, Paul souhaiterait prendre leur position d'incroyance et de rejet, si Dieu le lui permettait. Il est évident qu'il utilise ici le nom d'*Israël* ou d'*Israélite* pour décrire tous les descendants d'Abraham, d'Isaac et de Jacob, qu'ils soient croyants ou incroyants. C'est couramment usité tout au long du Nouveau Testament.

* * * * * * *

5. L'ISRAËL DE DIEU

L'autre passage dans lequel Paul utilise *Israël* dans un sens limité est Galates 6:15-16:

> ... *Car, en Jésus-Christ, ce n'est rien que d'être circoncis ou incirconcis; ce qui est quelque chose, c'est d'être une nouvelle créature. Paix et miséricorde sur tous ceux qui suivront cette règle, et sur l'Israël de Dieu!*

Paul parle de deux sortes de gens. D'un côté, il y a ceux qui, sans antécédents en ce qui concerne la circoncision ou le judaïsme, ont fait l'expérience de la nouvelle naissance et marchent dans la nouvelle création. De l'autre, il y a les Israélites par descendance naturelle qui sont restés dans la foi qui était la marque de leurs ancêtres, et au travers de laquelle ils ont embrassé Jésus comme leur Messie, entrant ainsi dans la Nouvelle Alliance. Ce sont ces derniers que Paul appelle "l'Israël de Dieu". Ce qui importe vraiment, dit Paul, ne consiste pas en quelques rites religieux mais en une action créative de Dieu dans le coeur, générée par la Nouvelle Alliance.

Il est cependant intéressant de constater que la Nouvelle Version Internationale de la Bible (NIV: New International Version), l'une des versions modernes les plus utilisées en anglais, diffère sur ce point des principes normaux de traduction. Au verset 16, il est dit: "Paix et miséricorde sur tous ceux qui suivront cette règle, sur l'Israël *même* de Dieu!" On a remplacé le mot grec qui, habituellement est traduit par *et*, par *même*. Qu'est-ce que cela signifie? Que ceux qui marchent selon cette règle sont "l'Israël de Dieu", qu'ils soient Juifs ou gentils.

Cette substitution n'est pas basée sur des fondements linguistiques, mais théologiques. Le mot grec est *kai*. Vous aurez à faire des recherches dans le Nouveau Testament pour y trouver les passages où ce mot est légitimement traduit par "même" - probablement moins d'une fois sur cinq cents. (Dans la concordance de la NIV, publiée par Zondervan, "même" n'y apparaît pas du tout.) Sans conteste, *kai* est traduit par "et". Qu'est-ce qui a poussé les traducteurs de la NIV à remplacer "et" par "même" dans ce cas? Apparemment, c'est cette ancienne tradition qui dit que tous les vrais croyants sont "l'Israël de Dieu". Cette pensée a tant influencé les chrétiens, qu'ils changeraient la signification évidente d'un texte pour l'amener en parallèle à leur théologie!

Cela n'est pas une attaque contre les traducteurs de la NIV qui, globalement, ont produit une excellente version, mais sert simplement à illustrer l'étendue avec laquelle cette théorie de "l'Israël spirituel" a pénétré la pensée de l'Eglise, produisant des attitudes et des formes de pensée qui n'ont pas de fondements solides dans les Ecritures.

Il y a une raison importante pour laquelle Paul fait cette distinction dans Galates 6:15-16 entre les croyants provenant de la gentilité et ceux provenant du judaïsme. D'un côté, les gentils étaient devenus des chrétiens par une seule transformation surnaturelle qui s'était opérée dans leur coeur. Ils n'avaient auparavant aucun antécédent de connaissance du seul vrai Dieu. De l'autre, les Juifs, dont la foi dans le Messie correspondait au point culminant d'un processus historique qui avait commencé lors de l'Exode d'Egypte et qui s'était déroulé au cours de nombreux siècles à travers le ministère de dirigeants, de prophètes et de sacrificateurs nommés par Dieu.

La condition spirituelle du monde des gentils de l'époque du Nouveau Testament pourrait être, d'une part, comparée à un champ laissé dans sa condition naturelle sauvage, sans subir aucun processus de culture. Pour qu'un gentil vienne à Christ, il fallait une intervention directe de Dieu dans la vie d'un individu qui n'était passé par aucun processus historique de préparation.

D'autre part, le peuple juif serait un champ soigneusement cultivé au cours de nombreux siècles. C'est pourquoi, pendant la période de son ministère en Israël, Jésus dit à ses disciples: "Je vous ai envoyés moissonner ce que vous n'avez pas travaillé; d'autres ont travaillé, et vous êtes entrés dans leur travail." (Jean 4:38) Les disciples étaient en train de moissonner dans un champ qui avait été cultivé au cours des siècles par une longue succession de serviteurs de Dieu.

La terminologie que Paul utilise dans Galates 6:15-16 révèle cette distinction entre les antécédents des croyants gentils et juifs. Pour eux il s'est produit, d'une manière semblable, une rencontre personnelle avec le Messie, et qui a transformé leurs vies. Pour les gentils, c'était une intervention directe de Dieu, sans aucun processus historique antérieur de préparation, tandis que pour les Juifs, la rencontre était le point culminant d'un processus historique qui s'était poursuivi pendant plusieurs siècles. Par conséquent, il était approprié de les décrire non seulement en tant qu'*Israël*, mais aussi en tant qu'*Israël de Dieu*. Leur foi dans le Messie représentait l'accomplissement du dessein pour lequel Dieu avait amené Israël en existence.

Il y a, cependant, lieu d'insister sur le fait que cette traduction de la NIV ne représente en aucune façon l'emploi normal d'*Israël* dans le Nouveau Testament.

* * * * * * *

6 ISRAËL DISTINCT DE L'EGLISE

Il n'y a pas seulement le fait qu'*Israël* n'est jamais utilisé dans le Nouveau Testament comme un synonyme du mot Eglise. En fait, l'opposé est aussi vrai. Il y a plusieurs passages où *Israël* a la signification de "Juifs qui ont réellement *rejeté Jésus*" et qui, par conséquent, ne peuvent être considérés comme des membres de son Eglise.

Nous regarderons seulement quelques passages de ce style dans Romains 11:

> *Quoi donc? Ce qu'Israël cherche, il ne l'a pas obtenu, mais l'élection l'a obtenu, tandis que les autres ont été endurcis...* (verset 7)

Il est évident qu'ici *Israël* est utilisé pour décrire ceux qui *n'*ont *pas* cru en Jésus le Messie, et ne font donc pas partie de l'Eglise. Dans le même chapitre, Paul dit à propos d'Israël:

> *Je dis donc: Est-ce pour tomber qu'ils ont bronché? Loin de là! Mais, par leur chute, le salut est devenu accessible aux païens, afin qu'ils fussent excités à la jalousie. Or, si leur chute a été la richesse du monde, et leur amoindrissement la richesse des païens, combien plus en sera-t-il ainsi quand ils se convertiront tous! Je vous le dis à vous, païens: en tant que je suis apôtre des païens, je glorifie mon ministère, afin, s'il est possible, d'exciter la jalousie de ceux de ma race, et d'en sauver quelques-uns.* (versets 11-14)

A travers ces versets, Paul maintient un contraste cohérent entre les Israélites qui ont rejeté Jésus et les gentils qui ont reçu le salut en croyant en lui. Aussi, le terme Israël, loin d'être un nom *pour* désigner les croyants de la *gentilité,* est utilisé par Paul pour distinguer les Israélites *des* croyants de la gentilité!

Au même chapitre 11:

> *Car je ne veux pas, frères, que vous ignoriez ce mystère, afin que vous ne vous regardiez point comme sages, c'est qu'une partie d'Israël est tombée dans l'endurcissement, jusqu'à ce que la totalité des païens soit entrée.* (verset 25)

La même ignorance concernant le plan de Dieu pour Israël, contre laquelle Paul luttait il y a environ deux mille ans, persiste encore aujourd'hui. Néanmoins, dans ce passage, une fois de plus il est clair que Paul parle d'Israélites incroyants par contraste avec les gentils qui sont devenus croyants. Ils ne sont pas *identifiés* avec des chrétiens de la gentilité; ils en sont *distingués*.

Paul conclut avec cette merveilleuse déclaration au verset 26: "Et ainsi tout Israël sera sauvé." Si *Israël* était un synonyme de l'Eglise, signifiant ceux qui sont sauvés, cette affirmation serait ridicule. Paul serait en train de dire que tous ceux qui sont sauvés seront sauvés. Une telle interprétation doit donc être rejetée.

* * * * * * *

7. QUI EST L'EGLISE?

Cette analyse de l'emploi du mot *Israël*, dans le Nouveau Testament, ne serait pas complète sans une brève étude similaire de la façon dont est utilisé le terme "Eglise". Aujourd'hui, nombreux sont les gens qui pensent que "l'église" est une construction physique de bois, de briques ou de pierres; mais ce n'est pas l'usage qu'en fait le Nouveau Testament.

Dans le texte grec, le mot habituellement traduit par "église" est "ecclesia". Cela signifie *une assemblée de personnes, appelées* dans un dessein particulier. Le mot français le plus proche est "assemblée". Dans Actes 19:32, 39 et 41, c'est le terme employé pour décrire le corps des citoyens à Ephèse qui sont tenus collectivement responsables de la conduite des affaires dans cette cité.

De la même manière, toujours selon le Nouveau Testament, "l'Eglise" est *une assemblée de personnes appelées* de l'ordre du monde présent à servir Jésus-Christ et à être préparées par lui pour devenir l'instrument collectif du gouvernement qu'il établira au cours des temps prochains.

Dans Ephésiens 1:22-23, Paul décrit l'Eglise comme étant "son corps [du Christ]". Vue dans cette lumière, elle n'est pas une organisation, mais un organisme. Chaque membre de ce corps est directement relié au Christ, sa tête, par une foi personnelle, et à travers lui à tous les autres membres.

Cependant, au cours des siècles, ce concept a été si corrompu et si tordu que l'Eglise, telle qu'on la connaît aujourd'hui, ne ressemble pas ou peu au modèle original établi dans le Nouveau Testament. Beaucoup de ceux qui se considèrent comme membres de l'Eglise d'aujourd'hui n'ont pas de relation personnelle vivante avec Christ, et sont en inimitié avec d'autres chrétiens déclarés. Seulement une petite minorité de ceux qui sont actuellement appelés chrétiens sont membres de l'Eglise qui est décrite dans le Nouveau Testament.

Pourtant, au milieu de toute cette confusion, l'Eglise véritable est toujours là sur terre. A ce propos, Paul dit dans 2 Timothée 2:19:

> ... *Néanmoins, le solide fondement de Dieu reste debout, avec ces paroles qui lui servent de sceau: Le Seigneur connaît ceux qui lui appartiennent; et: Quiconque prononce le nom du Seigneur, qu'il s'éloigne de l'iniquité.*

L'Eglise, ainsi définie, présente deux caractéristiques distinctes. Premièrement, Dieu - et Dieu seul - connaît tous ceux qui sont vraiment les siens. Deuxièmement, quiconque déclare être membre de cette Eglise a le devoir de le prouver concrètement par la droiture et la sainteté de sa vie.

Pour la plupart des Juifs, cette représentation de l'Eglise du Nouveau Testament n'a pas de réalité. Ils pensent qu'elle est une large institution, du même ordre qu'un parti politique ou qu'une société ethnique, et qui, pendant tant de siècles, a joué le rôle principal parmi ceux qui ont propagé l'antisémitisme. Ainsi, la confusion créée par Satan en ce qui concerne l'identité d'Israël est seulement surpassée par la confusion qu'il a fait naître au sujet de l'identité de l'Eglise.

* * * * * * *

8. L'ELECTION

Israël et l'Eglise, lorsque ces termes sont interprétés correctement, ont essentiellement en commun un facteur important: chacun est le résultat de ce que les théologiens appellent "l'élection divine". Enoncé plus simplement, cela signifie "le choix de Dieu".

La plupart des controverses concernant Israël tournent autour de cette question du choix de Dieu. S'il y a quelque chose que l'esprit naturel de l'homme non régénéré n'aime pas, c'est bien la révélation que Dieu a choisi certaines personnes. D'habitude, nous pouvons le tolérer aussi longtemps que *nous* sommes les gens que Dieu a choisis. Notre problème surgit dès lors que Dieu affirme qu'il a choisi des gens que nous *n'aurions pas* choisis! Pour l'humaniste, parler de la vérité de l'élection divine revient à agiter un drapeau rouge devant un taureau.

Dans Romains 9:10-18, Paul montre un exemple historique d'élection, tiré de l'Ancien Testament - la naissance de Jacob et d'Esaü. Ces deux jumeaux furent conçus par le même père, mais avant leur naissance, Dieu manifesta une attitude différente envers chacun d'eux. Paul dit que Dieu fit cela pour démontrer que le facteur décisif dans le destin d'une personne n'est pas ce qu'elle fait, mais le choix de Dieu. Cela n'a jamais été une doctrine facile à recevoir pour l'esprit charnel de l'homme.

> *Et, de plus, il en fut ainsi de Rébecca, qui conçut du seul Isaac notre père; car, quoique les enfants ne fussent pas encore nés et qu'ils n'eussent fait ni bien ni mal - afin que le dessein d'élection de Dieu*

> *subsistât, sans dépendre des oeuvres, et par la seule volonté de celui qui appelle - il fut dit à Rébecca: L'aîné sera assujetti au plus jeune; selon qu'il est écrit: J'ai aimé Jacob et j'ai haï Esaü.* (versets 10-13)

Avant même que les frères fussent sortis du ventre de leur mère, sans référence à quoi que ce soit qu'ils aient fait, Dieu a déclaré son choix. De plus, pour l'aîné, servir le plus jeune était contraire aux règles culturelles en vigueur à cette époque. De façon évidente, le choix de Dieu ne reposait pas sur la personnalité de Jacob ou sur ses bonnes oeuvres, puisqu'il n'était même pas né. Enfin, tout ce qui s'est manifesté de bon par la suite dans la vie de Jacob fut le fruit du choix de Dieu.

Paul suggère ensuite la manière dont beaucoup de gens réagiraient probablement:

> *Que dirons-nous donc? Y a-t-il en Dieu de l'injustice? Loin de là! Car il dit à Moïse: Je ferai miséricorde à qui je fais miséricorde, et j'aurai compassion de qui j'ai compassion.* (versets 14-15)

La miséricorde et la compassion viennent de la décision souveraine de Dieu. Pourtant, la vérité de cette souveraineté est malheureusement rarement mentionnée dans l'Eglise contemporaine. Nous pourrions la définir en disant que Dieu fait *ce qu'il* veut, *quand* il le veut, *comme* il le veut. Il ne demande à personne la permission. (C'est ce qui trouble en réalité les humanistes. Il ne les consulte pas!)

> *Ainsi donc cela ne dépend ni de celui qui veut, ni de celui qui court, mais de Dieu qui fait miséricorde.* (verset 16)

Tous nos efforts et toutes nos bonnes oeuvres ne suffisent pas. Nous sommes totalement dépendants de la miséricorde de Dieu, qu'il distribue librement lui-même selon son choix.

Au verset suivant, Paul passe du thème de la miséricorde à celui du jugement:

> *Car l'Ecriture dit à Pharaon: Je t'ai suscité à dessein pour montrer en toi ma puissance, et afin que mon nom soit publié par toute la terre.* (verset 17)

Pharaon était un dirigeant singulièrement mauvais, bien qu'élevé par Dieu. Il fit cela afin que Pharaon soit un exemple pour toutes les générations suivantes de la manière dont il juge les dirigeants qui s'opposent au dessein et au peuple de Dieu.

Paul conclut cette section en faisant ressortir que c'est Dieu qui, par sa propre décision souveraine, accorde ou retranche sa miséricorde dans la vie de chaque personne.

> *Ainsi, il fait miséricorde à qui il veut, et il endurcit qui il veut.* (verset 18)

Nous avons toujours besoin de nous souvenir que Dieu ne *doit* faire miséricorde à aucun d'entre nous. Cela procède uniquement de sa *grâce*. S'il n'avait fait miséricorde à aucun d'entre nous, il serait encore parfaitement juste.

Quand Dieu offre sa miséricorde, il pose simplement certaines conditions qu'il nous demande de respecter. Celles-ci sont énoncées dans le message de l'Evangile. Cependant, le fait de remplir les conditions nécessaires pour recevoir sa miséricorde n'indique nullement que nous l'ayons méritée.

Par définition, ni la miséricorde ni la grâce ne peuvent se mériter.

* * * * * * *

9. LE RESTE DES ELUS

Ces principes de miséricorde et de jugement s'appliquent universellement à toute la race humaine; mais dans Romains 9, Paul les illustre par l'exemple particulier des relations de Dieu avec Israël. Il révèle que ces Israélites, que Dieu a en réalité choisis pour lui-même, seront *seulement un reste* parmi tout Israël.

Il est significatif que, dans les Ecritures, ce mot *reste* s'applique à Israël plus de quarante fois. Dans la plupart des cas, cela concerne la période précédant juste la fin de l'époque présente.

Dans Romains 9:27, Paul cite une prophétie d'Esaïe 10:22 concernant Israël:

> *Quand le nombre des fils d'Israël serait comme le sable de la mer, un reste seulement sera sauvé.*

L'expression "un reste" est spécifique. Cela indique un nombre précis de gens choisis parmi tout Israël.

Dans Romains 11:1-4, Paul revient à ce thème. Il se réfère à la condition d'Israël pendant la période du ministère d'Elie, lorsque Dieu déclara: "Je me suis réservé sept mille hommes, qui n'ont point fléchi le genou devant Baal." Quand Dieu dit "je me suis réservé", il insiste sur le fait que ces sept mille hommes ont été gardés par lui à cause de sa grâce, et non en raison de leurs bonnes oeuvres. Ce n'est pas quelque chose de mérité.

Paul continue à appliquer ces paroles à la condition d'Israël en son temps:

> *De même aussi dans le temps présent il y a un reste,*

> *selon l'élection de la grâce... Et si c'est par les oeuvres, ce n'est plus une grâce; autrement l'oeuvre n'est plus une oeuvre.* (versets 5-6)

Paul explique que la grâce est au-delà de tout ce que nous pourrions gagner par nos bonnes oeuvres. En fait, la grâce fait son entrée dans notre vie précisément au moment où notre propre capacité atteint sa limite. Il en est ainsi du reste d'Israël. Sa préservation est due à la grâce de Dieu; ce n'est pas quelque chose qu'il auraient pu gagner ou qu'il pût gagner.

Dans Romains 11:26, Paul envisage un temps futur où "tout Israël sera sauvé". A la lumière de ce qu'il a dit précédemment à propos d'un reste, il devient clair que ce *tout Israël* qui sera sauvé sera *le reste* que Dieu a choisi et réservé pour lui-même par sa grâce.

De nombreux autres passages dans les prophètes font ressortir que ces promesses de restauration sont données à ceux qui constituent un reste. Par exemple, Sophonie 3:12-13, qui est adressé à Israël et à Jérusalem:

> *Je laisserai au milieu de toi un peuple humble et petit, qui trouvera son refuge dans le nom de l'Eternel. Les restes*[6] *d'Israël ne commettront point d'iniquité; ils ne diront point de mensonges, et il ne se trouvera pas dans leur bouche une langue trompeuse;*

Le but final du plan de Dieu, pour Israël en tant que peuple, est de produire ce reste. Dans son intérêt, il a patiemment supporté l'épouvantable méchanceté où l'homme a constamment violé les lois de Dieu et souillé la terre. Il a aussi permis les nombreux malheurs et souffrances par

---

[6] Italique ajouté.

lesquels il a été nécessaire de purifier ses élus.

En fin de compte, que recherche Dieu? Un peuple doux et humble qui trouvera refuge dans le nom du Seigneur.

Et qui plus est, voici un bon exemple de la façon dont Israël est un modèle pour l'Eglise.

Qu'est-ce que Dieu a l'intention de produire dans l'Eglise? Un peuple doux et humble qui trouvera son refuge dans le Seigneur.

Le même principe est exposé dans Zacharie 13:8-9 (bien qu'une question reste posée s'agissant du contexte historique):

> *Dans tout le pays, dit l'Eternel, les deux tiers seront exterminés, périront, et l'autre tiers restera. Je mettrai ce tiers dans le feu, et je le purifierai comme on purifie l'argent, je l'éprouverai comme on éprouve l'or. Il invoquera mon nom, et je l'exaucerai; je dirai: c'est mon peuple! Et il dira: L'Eternel est mon Dieu!*

De nouveau, la Bible décrit le processus dont le but est de produire ce reste que Dieu a choisi. Même si cela implique qu'il soit raffiné et passé par le feu, Dieu ne s'arrêtera pas tant que son plan ne sera pas accompli. Les deux tiers seront exterminés, mais le tiers restant sera passé par le feu afin qu'il reconnaisse personnellement le Seigneur comme son Dieu. Voici le reste que Dieu a établi sur son coeur de toute éternité. Celui-là peut être appelé fort à propos "l'Israël de Dieu".

* * * * * * *

10. LES PECHES D'ISRAËL

Quand j'étais jeune prédicateur, je me délectais de faire remarquer toutes les fautes et toutes les inconséquences de l'Eglise. Mais j'en vins à réaliser que cela ne m'aidait pas beaucoup; il n'en ressortait pas grand-chose de positif. Il ne faut pas non plus beaucoup d'intelligence pour relever les fautes de l'Eglise. Tout le monde peut le faire.

Il ne faut pas plus d'ingéniosité pour relever les fautes d'Israël. Quelqu'un me montra la copie d'un article récemment publié dans un magazine chrétien, faisant ressortir certains péchés d'Israël. Je ne pouvais m'empêcher de penser que les prophètes d'Israël avaient fait un travail bien plus minutieux! Comment pourrait-on ajouter quelque chose à l'énumération des péchés qui se trouve dans Esaïe 1:2?

> *Cieux, écoutez! terre, prête l'oreille! Car l'Eternel parle. J'ai nourri et élevé des enfants, mais ils se sont révoltés contre moi...*

L'hébreu insiste sur *ils*: "Les enfants que j'ai nourris et élevés sont ceux qui se sont révoltés contre moi." Les versets 4 à 6 montrent une nation malade du haut de la tête jusqu'à la plante du pied; il n'y a pas en elle un seul endroit en bon état.

> *Malheur à la nation pécheresse, au peuple chargé d'iniquités, a la race des méchants, aux enfants corrompus! Ils ont abandonné l'Eternel, ils ont méprisé le Saint d'Israël, ils se sont retirés en*

arrière... Quels châtiments nouveaux vous infliger, quand vous multipliez vos révoltes? La tête entière est malade, et tout le coeur est souffrant. De la plante du pied jusqu'à la tête, rien n'est en bon état: ce ne sont que blessures, contusions et plaies vives, qui n'ont été ni pansées, ni bandées, ni adoucies par l'huile. (versets 4-6)

Aux versets 12 à 15, le Seigneur déclare que tous les rituels religieux d'Israël ne peuvent obtenir son approbation, mais ne font que provoquer son total rejet. Il termine avec les mots:

Quand vous multipliez les prières, je n'écoute pas: vos mains sont pleines de sang. (verset 15)

Le thème des péchés d'Israël revient tout le long du livre d'Esaïe. Par exemple, aucun écrivain moderne ne pourrait rédiger contre Israël un acte d'accusation plus éclatant ni plus sévère que les paroles d'Esaïe 59:2-8:

Mais ce sont vos crimes qui mettent une séparation entre vous et votre Dieu; ce sont vos péchés qui vous cachent sa face, et l'empêchent de vous écouter. Car vos mains sont souillées de sang, et vos doigts de crimes; vos lèvres profèrent le mensonge, votre langue fait entendre l'iniquité, nul ne se plaint avec justice, nul ne plaide avec droiture; ils s'appuient sur des choses vaines et disent des faussetés, ils conçoivent le mal et enfantent le crime. Ils couvent des oeufs de basilic, et ils tissent des toiles d'araignée. Celui qui mange de leurs oeufs meurt; et, si l'on en brise un, il sort une vipère. Leurs toiles ne servent point à faire un vêtement, et ils ne peuvent se couvrir de leur ouvrage; leurs oeuvres sont des oeuvres d'iniquité, et les actes de violence sont dans leurs mains. Leurs pieds courent au mal, et ils ont hâte de répandre le sang innocent; leurs pensées sont des pensées d'iniquité, le ravage et la ruine sont sur leur route. Ils ne connaissent pas le chemin de la paix, et il n'y a point de justice dans leurs voies; ils prennent des sentiers détournés; quiconque y marche ne connaît point la paix.

Par ailleurs, on trouve des accusations similaires avec la plupart des autres prophètes d'Israël. Tout cela est d'autant plus significatif que les mêmes prophètes décrivant avec d'évidents détails les péchés d'Israël ont aussi *prédit avec la même précision, et avec une clarté égale, la restauration d'Israël.*

Si les prophètes d'Israël avaient été aveugles, sentimentaux, nationalistes et s'ils avaient fermé les yeux sur les péchés de leur peuple, alors nous pourrions dire que leurs promesses de restauration étaient tout simplement irréalistes, et qu'ils prenaient leurs désirs pour des réalités. Mais puisque les mêmes prophètes qui ont promis la restauration étaient ceux qui ont prononcé les accusations, je ne vois aucune logique ni aucune cohérence à souscrire aux accusations et à refuser les promesses de restauration.

* * * * * * *

11. LA RESTAURATION PREDITE D'ISRAËL

Les prophètes d'Israël ont fait d'une manière très certaine des promesses claires et spécifiques d'une restauration d'Israël qui s'accomplira en deux phases: d'abord celle d'être ramené dans son pays, et ensuite celle d'être ramené à son Dieu. Je l'ai toujours mis dans cet ordre, parce que je vois dans les Ecritures que Dieu a l'intention de ramener la plupart des Juifs sur leur terre sans qu'ils soient rachetés, sans qu'ils marchent dans la foi, afin qu'il puisse s'occuper d'eux là-bas. Cela est énoncé dans Osée 2:1:

... et au lieu qu'on leur disait: vous n'êtes pas mon peuple! On leur dira: fils du Dieu vivant!

Le lieu où Dieu leur dit "vous n'êtes pas mon peuple", était la terre d'Israël. En conséquence, la restauration des Juifs et leur acceptation par Dieu doit aussi prendre place dans le pays d'Israël.

Il y a une raison pratique pour cela qui n'est pas facilement appréciée dans notre version contemporaine occidentale de la chrétienté. Sous l'influence de valeurs laïques, nous avons fait de la foi chrétienne essentiellement une affaire de relation individuelle d'une personne avec son Dieu. On insiste principalement sur les mots *mon*, *ma* - *mon* Seigneur, *ma* foi, *mon* église, *mon* ministère, etc. Mais cela ne représente pas fidèlement la perspective biblique.

A travers les Ecritures, Dieu a affaire à des individus dans le contexte d'un plus large groupe - une famille, une communauté, une congrégation, une nation. Cela est révélé dans le récit du salut du geôlier philippien dans Actes 16:30-

31. Ce dernier demandait aux apôtres: "Que faut-il que je fasse pour être sauvé?"

Cependant, par sa réponse inspirée, Paul alla au-delà de ses besoins individuels: "Crois au Seigneur Jésus-Christ, et tu seras sauvé, toi *et ta famille*." Le salut qu'offrait le Seigneur s'étendait au-delà du geôlier en tant qu'individu et embrassait toute sa famille. C'est la norme biblique. Dieu s'occupe régulièrement de l'individu dans le contexte d'une plus large entité.

Historiquement, cela a toujours été vrai en ce qui concerne les relations de Dieu avec Israël. Il s'est constamment entretenu avec Israël, non seulement avec les individus, mais aussi en tant que peuple unique, uni par une alliance à la fois à Dieu et l'un à l'autre. C'est la manière dont Dieu a l'intention de s'en occuper à la fin des temps - en tant qu'un peuple unique. Pourtant, pour le faire, il est nécessaire de le rassembler une fois de plus en un seul lieu. L'endroit indiqué à la fois par la logique et par les Ecritures est leur propre terre - la terre d'Israël.

Une promesse supplémentaire de restauration spirituelle se touve dans Esaïe 45:17,25:

> *C'est par l'Eternel qu'Israël obtient le salut, un salut éternel; vous ne serez ni honteux ni confus, jusque dans l'éternité. Par l'Eternel seront justifiés et glorifiés tous les descendants d'Israël.*

C'est si simple! Le mot *justifiés* signifie "acquittés, comptés justes devant Dieu". Autrement dit, la justification d'Israël lui sera accordée sur la base de la foi, pas des oeuvres. Ils deviendront ainsi de vrais descendants spirituels de leur père Abraham, "qui eut confiance en l'Eternel, qui le lui imputa à justice" (Genèse 15:6).

Combien de descendants d'Israël seront justifiés de

cette façon? *Tous*! Mais gardez présent à l'esprit que ce *tous* sera un reste.

Une autre promesse de restauration d'Israël se trouve dans Jérémie 32:36-37:

> *Et maintenant ainsi parle l'Eternel, le Dieu d'Israël, sur cette ville dont vous dites: elle sera livrée entre les mains du roi de Babylone, vaincue par l'épée, par la famine et par la peste: voici, je les rassemblerai de tous les pays où je les ai chassés, dans ma colère, dans ma fureur, et dans ma grande irritation; je les ramènerai dans ce lieu, et je les y ferai habiter en sûreté.*

Cette prédiction ne s'était certainement pas accomplie lors du retour partiel et temporaire de Babylone au temps de Zorobabel. Elle n'a pas plus de sens si on l'applique à l'Eglise. Pourtant, ce passage de Jérémie 32 n'est que l'une des nombreuses prophéties qui contiennent toutes la même promesse de restauration totale et ultime d'Israël.

Par conséquent, il ne nous reste plus que deux conclusions possibles: chacune de ces prophéties doit trouver son accomplissement dans la destinée d'Israël, ou bien Dieu a prononcé des prophéties qui ne s'accompliront jamais. En dernier ressort, il n'y a pas que la destinée d'Israël qui est en jeu. Il y a une question de plus grande importance qui concerne tous les croyants: la *fiabilité des Ecritures elles-mêmes*.

* * * * * * *

12. LA RESTAURATION DECRITE D'ISRAËL

Dans Jérémie 32:38-42, Dieu continue:

Ils seront mon peuple, et je serai leur Dieu. Je leur donnerai un même coeur et une même voie, afin qu'ils me craignent toujours, pour leur bonheur et celui de leurs enfants après eux. Je traiterai avec eux une alliance éternelle, je ne me détournerai plus d'eux, je leur ferai du bien, et je mettrai ma crainte dans leur coeur, afin qu'ils ne s'éloignent pas de moi. Je prendrai plaisir à leur faire du bien. Et je les planterai véritablement dans ce pays, de tout mon coeur et de toute mon âme. Car ainsi parle l'Eternel: de même que j'ai fait venir sur ce peuple tous ces grands malheurs, de même je ferai venir sur eux tout le bien que je leur promets.

Dieu déclare qu'il fera venir sur Israël tout le bien qu'il leur a promis, juste de la même manière qu'il a fait venir des calamités sur ce peuple. Le malheur qui s'est abattu sur eux était de l'ordre d'un fait historique objectif. Ce n'était pas simplement "métaphorique" ou "spirituel".

Aussi, le bien que Dieu fera venir sur eux sera également de l'ordre de l'histoire objective. Ce ne sera pas simplement "métaphorique" ou "spirituel".

La terre, dans laquelle Dieu dit qu'il "plantera véritablement" son peuple, ne peut être interprétée d'une autre façon que comme la terre d'Israël. Et si Dieu fait cela de tout son coeur et de toute son âme, qui peut le défaire? Certainement pas un dirigeant palestinien! Ni même l'Organisation des Nations Unies!

Dans Jérémie 50:19-20, Dieu dévoile ensuite son plan pour restaurer Israël:

> *Je ramènerai Israël dans sa demeure; il aura ses pâturages du Carmel et du Basan, et son âme se rassasiera sur la montagne d'Ephraïm et dans Galaad. [Galaad fait à présent partie de l'Etat de Jordanie.] En ces jours, en ce temps-là, dit l'Eternel, on cherchera l'iniquité d'Israël, et elle n'existera plus, le péché de Juda, et il ne se trouvera plus; car je pardonnerai au reste que j'aurai laissé.*

Les derniers mots coïncident avec la promesse déjà citée dans Esaïe 45:25: "Tous les descendants d'Israël seront justifiés." Pour ceux qui seront justifiés en raison de leur foi dans le Messie, il ne restera aucune trace d'iniquité ou de péché.

Le dernier mot, *laissé*, pourrait bien être rendu par *réservé*. Dieu s'est engagé à pardonner le reste qu'il est en train de se réserver par sa grâce.

Dans Ezéchiel 36:22-23, Dieu révèle un des desseins essentiels de la restauration d'Israël: sa propre gloire.

> *C'est pourquoi dis à la maison d'Israël: Ainsi parle le Seigneur, l'Eternel: Ce n'est pas à cause de vous que j'agis de la sorte, maison d'Israël; c'est à cause de mon saint nom que vous avez profané parmi les nations où vous êtes allés. Je sanctifierai mon grand nom, qui a été profané parmi les nations, que vous avez profané au milieu d'elles. Et les nations sauront que je suis l'Eternel, dit le Seigneur, l'Eternel, quand je serai sanctifié par vous sous leurs yeux.*

La promesse de Dieu de restaurer Israël n'est pas

basée sur quoi que ce soit de bien qu'ils aient fait, mais elle a seulement le but de glorifier Dieu à travers cela. Si les enfants d'Israël méritaient d'être pardonnés et préservés, ils n'auraient pas besoin de la grâce de Dieu. Mais c'est seulement en recevant sa grâce qu'ils peuvent restaurer, pour lui, la gloire que leurs péchés lui ont dérobée.

Les gens ont souvent dit que les Juifs, qui ne se repentent pas et qui ne croient pas, n'auront pas la permission de retourner dans leur propre terre. Mais Dieu dit qu'il les ramènera d'abord, et qu'ensuite il commencera à les purifier de leurs péchés.

> *Je vous retirerai d'entre les nations, je vous rassemblerai de tous les pays, et je vous ramènerai dans votre pays. Je répandrai sur vous une eau pure, et vous serez purifiés; je vous purifierai de toutes vos souillures et de toutes vos idoles. Je vous donnerai un coeur nouveau, et je mettrai en vous un esprit nouveau; j'ôterai de votre corps le coeur de pierre, et je vous donnerai un coeur de chair.* Ezéchiel 36:24-26

Je crois que ce processus de transformation d'un coeur de pierre en un coeur de chair a déjà commencé. Il est en train de se produire juste en ce moment! J'ai eu le privilège d'être le témoin direct de certains de ses aspects.

Dieu révèle que ce changement de coeur préparera Israël à recevoir l'onction du Saint-Esprit:

> *Je mettrai mon Esprit en vous, et je ferai que vous suiviez mes ordonnances, et que vous observiez et pratiquiez mes lois. Vous habiterez le pays que j'ai donné à vos pères; vous serez mon peuple, et je serai votre Dieu.* Ezéchiel 36: 27-28

Il n'y a aucun doute en ce qui concerne le pays que Dieu a donné aux patriarches d'Israël. Il n'y en a qu'une qui corresponde à cette description: le pays qui est maintenant de nouveau connu comme étant "Israël". Il est nécessaire d'insister sur le fait que cette promesse décrit un retour littéral, historique des Juifs dans leur pays. Il n'est pas question d'"expliquer" cette promesse en sorte qu'elle ne soit plus littéralement valable maintenant. Si elle ne s'accomplissait pas, la Bible ne serat pas un livre fiable.

Mais la restauration physique dans le pays n'est pas le but final. Ce n'est qu'un prélude nécessaire au point culminant qui est le but ultime de Dieu: la restauration à Dieu lui-même. "Vous serez mon peuple, et je serai votre Dieu." Tous les événements se déroulant à présent au Moyen-Orient sont en train d'être divinement orchestrés, afin de donner vie à cet objectif suprêmement important: la réconciliation d'Israël avec son Dieu.

Un peu plus loin, Dieu rappelle encore au peuple juif qu'il n'a rien fait pour mériter sa restauration:

> *Ce n'est pas à cause de vous que j'agis de la sorte, dit le Seigneur, l'Eternel, sachez-le! Ayez honte et rougissez de votre conduite, maison d'Israël!*
>
> (Ezéchiel 36:32)

En définitive, la race humaine tout entière ne peut rien espérer de bon si ce n'est par la miséricorde et la grâce de Dieu. Par définition, on ne peut mériter ces dernières. Cela est aussi vrai tant pour les Juifs que pour les gentils. Cependant, Dieu a choisi de faire, en restaurant Israël, une grande démonstration historique de cette vérité à toutes les nations.

* * * * * * * *

13. UN PETIT MORCEAU DE TERRE

Une caractéristique stupéfiante de la révélation biblique réside dans l'importance qu'elle accorde à cette minuscule bande de terre située à l'extrémité est de la Méditerranée, connue à l'origine comme étant "le pays de Canaan". La plupart des événements relatés dans la Bible, soit comme des histoires, soit prédits sous forme de prophéties, tournent autour de ce pays, en particulier les déclarations contenues dans le Psaume 105:7-11 sont centrées sur lui.

Ce passage commence par une proclamation de l'autorité suprême de Dieu sur toute la terre:

> *L'Eternel est notre Dieu; ses jugements s'exercent sur toute la terre.* (verset 7)

Le Dieu de la Bible est Seigneur de toute la terre. Les jugements qu'il prononce ne s'appliquent pas seulement à une nation ou à un petit morceau de terre. Son autorité s'étend à toutes les nations et à la terre entière.

Cependant, Dieu a pris un engagement avec une famille humaine, spéciale, unique, descendant d'Abraham. Cet engagement est résumé aux versets 8 à 10 (italique ajouté):

> *Il se rappelle à toujours son alliance, ses promesses pour mille générations, l'alliance qu'il a traitée avec Abraham, et le serment qu'il a fait à Isaac; il l'a érigée pour Jacob en loi, pour Israël en **alliance éternelle**,*

Ce texte est extraordinaire! Je ne connais aucun autre

passage qui, combinant tant de mots, exprime un engagement aussi solennel de Dieu: alliance, promesses, commandement, serment, loi, alliance éternelle. Il n'y a pas de langage utilisé dans la Bible qui pourrait faire ressortir plus fortement l'engagement total de Dieu.

Chacune de ses alliances représente un engagement solennel, mais celle-ci est décrite plus loin comme une alliance *éternelle*. Elle demeure en vigueur pour toujours. Elle ne pourra jamais être annulée.

Et qui plus est, elle est exprimée non seulement par la parole de Dieu, mais elle est aussi confirmée par ses serments. L'auteur de l'épître aux Hébreux nous explique pourquoi Dieu fait des serments:

> *... afin que, par deux choses immuables [inchangeables], dans lesquelles il est impossible que Dieu mente, nous trouvions un puissant encouragement,...* Hébreux 6:18

La première chose inchangeable que Dieu donne est sa parole; la seconde est son serment.

L'insistance sans précédent avec laquelle le psalmiste a recours ici pour exprimer l'engagement de Dieu nous amène naturellement à nous demander: Qu'est-ce qui est visé à travers tout cela? A propos de quoi Dieu est-il si immensément soucieux, et prend-t-il la peine d'exprimer son engagement total? La réponse est donnée au prochain verset:

> *Disant: Je te donnerai le pays de Canaan*[7] *comme l'héritage qui vous est échu.* (verset 11)

De quoi s'agit-il? Je n'ai jamais lu ce passage sans

---

[7] Italique ajouté.

être stupéfait que le Dieu tout-puissant, le Créateur de l'univers, le Roi de la terre, se soit donné tant de mal pour garantir la destinée de ce petit morceau de territoire à l'extrême est de la mer Méditerranée. Dieu attache beaucoup plus d'importance à cela que la plupart d'entre nous l'imaginons!

Quelqu'un d'autre attache aussi beaucoup d'importance à ce fait - c'est le diable. C'est pourquoi le Moyen-Orient continue d'être le théâtre d'un immense conflit.

Les versets du Psaume 105 que nous venons juste d'étudier représentent le titre de l'acte (de propriété) de la terre de Canaan. De la même façon que le titre d'un acte spécifie l'identité exacte du propriétaire, notez dans ces versets avec quels soins Dieu s'assure que nous sachions bien à qui il s'engage à donner cette terre. Il fait référence à "l'alliance qu'il a traitée avec Abraham, et le serment qu'il a fait à Isaac; il l'a érigée pour Jacob en loi, pour Israël en alliance éternelle". Ainsi, l'alliance va d'Abraham à Jacob, dont le nom devint Israël, en passant par Isaac, non par Ismaël.

Je ne sais pas comment Dieu aurait pu le dire plus clairement, ni le faire ressortir d'une façon plus décisive. Il faut être atteint d'un "strabisme théologique" pour ne pas voir ce que ce passage veut dire. Et je dois ajouter: je crois que c'est insulter Dieu que de suggérer qu'il ne sait pas ce qu'il veut dire. C'est, après tout, ce que cela signifie. Mettre en doute ce passage (ou d'autres passages similaires) revient en effet à affirmer: "Dieu, je sais que tu l'as dit, mais je ne peux pas croire que tu veuilles vraiment dire ce que tu as dit." Cela correspond à une attitude que je ne souhaiterais pas adopter!

J'ai personnellement étudié les passages dans lesquels Dieu donne ses promesses pour confirmer sa parole. J'en ai conclu que c'est la forme la plus emphatique des déclarations divines que l'on trouve dans la Bible. Si le

Psaume 105 était le seul passage des Ecritures relatant les serments de Dieu confirmant sa promesse de donner la terre de Canaan à Israël, ce serait suffisant en soi pour l'établir au-delà de tout doute. Mais Dieu a attaché tant d'importance à cette question qu'*il a fait en sorte qu'elle soit rappelée quarante-sept fois*[8] *dans la Bible*.

S'ajoutant au Psaume 105, il y a quarante-six autres passages qui affirment que Dieu s'est engagé lui-même par serment de donner la terre de Canaan à Abraham, Isaac, Jacob et à leurs descendants. Ce fait représente certainement l'une des merveilles méconnues de la Bible!

Le dernier passage qui relate le serment de Dieu concernant le pays de Canaan est Ezéchiel 47:14:

> *Vous [Israélites] en [le pays] aurez la possession l'un comme l'autre; car j'ai juré, la main levée, de le donner à vos pères. Ce pays vous tombera donc en partage.*

Sans aucun doute possible, ce contexte indique que l'accomplissement de cette promesse se situe encore dans le futur. Cela exclut toute suggestion qui limiterait l'application du serment de Dieu à des événements qui se sont déjà produits. Au contraire, elle s'étend dans un futur pour lequel il n'y a pas de limites. Aussi longtemps que la terre continue d'exister, sa destinée est déterminée par le serment de Dieu.

A la lumière de toutes ces Ecritures, il est certainement surprenant que quiconque, acceptant l'autorité de la Bible, élève encore des doutes là-dessus. Néanmoins, dans l'article que j'ai mentionné précédemment, critiquant Israël et avançant la théorie que nous sommes tous Juifs,

---

[8] Pour une liste complète de tous les passages significatifs, le lecteur est prié de se reporter à l'Appendice II.

référence était faite à un passage dans Romains. Parlant à propos des Israélites, Paul dit:

> *... à qui appartiennent l'adoption, et la gloire, et les alliances, et la loi, et le culte, et les promesses...* (Romains 9:4)

L'auteur de l'article raisonnait comme cela parce que Paul parle des alliances et des promesses sans aucune mention de la terre, mais alors l'engagement de Dieu à donner la terre à Israël ne serait plus significatif.

Je trouve ce raisonnement - représentatif d'une majorité de l'Eglise - erroné. Il y a d'innombrables références à des promesses du pays, comme je l'ai déjà mentionné, de telle sorte que si les promesses sont pour Israël, alors le pays est aussi pour Israël. De plus, Dieu s'est engagé lui-même par alliance, avec la plus grande clarté, à donner cette terre à Israël; et les alliances, selon Paul, restent en vigueur.

Aussi, la conclusion que le pays n'est plus pour Israël doit être fausse. Il fait partie aussi bien des promesses que des alliances. En fait, lorsque Paul dit que les promesses et les alliances appartiennent à Israël, il est en train d'affirmer, en effet, que "de bien des manières différentes le pays est donné *éternellement* à Israël".

Un autre argument utilisé quelquefois par les chrétiens est qu'Israël a eu sa chance, mais qu'il fut infidèle et a failli devant Dieu. Par conséquent, ils disent que Dieu a changé d'avis et que les promesses accordées à Israël sont maintenant pour l'Eglise.

Quand j'entends cette théorie, je me retrouve parcourant en pensée les dix-neuf siècles passés d'histoire de l'Eglise. Je vois une succession infinie d'hérésies, d'apostasies, de cupidité, d'immoralité, de divisions et de querelles continuelles, de combats incessants pour le pouvoir et la prééminence. Je vois même certains se déclarant chrétiens et faisant subir à leurs frères chrétiens la torture et des morts cruelles au nom du Christ.

Ajoutez à tout cela seize siècles ou plus d'antisémitisme vicieux, et me voilà me demandant: qui a été le plus infidèle, Israël ou l'Eglise?

Si Dieu pouvait changer d'avis à propos de ses promesses pour Israël, prendre son nom et le donner à un autre groupe de gens, il pourrait certainement tout aussi bien changer d'avis concernant ses promesses pour l'Eglise, et prendre son titre et le donner à un autre groupe. C'est donc une question importante pour chaque chrétien.

En dernier ressort, notre confiance dans la miséricorde de Dieu est basée sur son engagement à l'égard de sa parole et de ses alliances. Si Dieu peut changer ses engagements et annuler ses alliances, nous sommes alors laissés sans aucune sécurité, bien que chrétiens. Ainsi, les problèmes de l'identité et de la destinée d'Israël ne concernent pas seulement les Juifs, mais aussi tous les croyants de la gentilité qui sont venus à Dieu à travers la nouvelle alliance en Jésus.

14. LES FRONTIERES DE DIEU

Le Dieu de la Bible, qui est le Dieu de toute la terre, a un plan et un lieu pour chaque nation. Paul déclare aux hommes d'Athènes dans les Actes 17:26:

Il [Dieu] *a fait que tous les hommes, sortis d'un seul sang, habitassent sur toute la surface de la terre, ayant déterminé la durée des temps et les bornes de leur demeure*

Si Dieu a déterminé l'emplacement exact où les nations devaient vivre, et le temps qu'elles passeraient à y vivre, il n'a pas seulement prévu un lieu pour Israël, mais aussi pour chaque nation de la terre. Il y a juste une chose importante à garder présente à l'esprit: l'emplacement qu'il a prévu pour Israël n'est offert à aucune autre nation.

Cela ne signifie pourtant pas que les Arabes ou d'autres nations soient exclus du territoire assigné à Israël. Au contraire, à travers l'histoire d'Israël en tant que nation, Dieu a toujours pris des dispositions spécifiques pour que les peuples d'autres nations puissent demeurer parmi eux, acceptant à la fois les privilèges et les responsabilités que cela entraîne.

Dans Ezéchiel 47:22-23, Dieu ordonne un partage de la terre d'Israël qui est encore à venir. Pour cela, il prend des dispositions particulières afin que les gens d'autres nationalités résident parmi le peuple d'Israël et partagent tous leurs privilèges:

Vous le [ce pays] *diviserez en héritage par le sort pour vous et pour les étrangers qui séjourneront au*

> *milieu de vous, qui engendreront des enfants au milieu de vous; vous les regarderez comme indigènes parmi les enfants d'Israël; ils partageront au sort l'héritage avec vous parmi les tribus d'Israël. Vous donnerez à l'étranger son héritage dans la tribu où il séjournera, dit le Seigneur, l'Eternel.*

Dieu a vraiment donné la terre à Israël par une alliance irrévocable, mais il ouvre une large porte pour les étrangers de toutes les autres nations pour la partager avec eux, à la condition qu'ils remplissent leurs obligations.

Cependant, en plus de cette obligation, Dieu a prévu un lieu spécifique et propre aux Arabes. A présent, les nations arabes de l'Atlantique au golfe Persique comptent cent soixante-dix millions d'habitants. Ils possèdent une terre d'une superficie de quatorze millions de kilomètres carrés. Israël en contrôle seulement vingt-huit mille.

En 1917, la déclaration Balfour promettait au peuple juif un certain domaine géographique qui incluait tout ce qui est maintenant la Jordanie. Puis, en 1922, par un coup de crayon britannique, Winston Churchill créait à partir de ce territoire un Etat arabe appelé Transjordanie (plus tard appelé Jordanie). Par cet acte seul, soixante-dix-huit pour cent de la région totale destinée au domaine national juif fut donné aux Arabes. Et qui plus est, les Juifs ne sont pas libres de vivre en Jordanie, tandis que les Arabes sont libres de vivre en Israël.

Cela signifie que le reste du territoire à l'ouest de la Jordanie représente seulement vingt-deux pour cent de l'héritage original offert aux Juifs. Même dans cette région, les Juifs ont été soumis à des pressions et à des harcèlements, autant par l'agitation politique que par des actes ouverts d'agression.

Dieu a pourtant averti les nations du monde que vient un temps où il les appellera à rendre compte de leurs actions tyranniques à l'égard du pays d'Israël. Dans Joël 3:2, il déclare:

> *Je rassemblerai toutes les nations, et je les ferai descendre dans la vallée de Josaphat; là, j'entrerai en jugement avec elles, au sujet de mon peuple d'Israël, mon héritage, qu'elles ont dispersé parmi les nations, et au sujet de mon pays qu'elles se sont partagé.*

Dans un discours contemporain, "partager mon pays" est appelé *partition*. C'est précisément ce que l'Organisation des Nations Unies ont fait le 29 novembre 1947, lorsqu'elle à voté le partage de la Palestine en deux régions, une pour les Juifs et une pour les Arabes.

* * * * * * *

15. UN TEMPS DE REIMPLANTATION

Les gouvernements de Grande-Bretagne et des Etats-Unis ont cherché, à l'occasion, à avoir de l'influence sur l'affectation du pays d'Israël. Ce fut aussi le sujet de nombreuses résolutions de l'Organisation des Nations Unies. Cependant, aucun gouvernement humain n'aura le dernier mot, puisque au temps prévu, chaque nation de la terre occupera la place que Dieu lui a dévolue.

Le vingtième siècle a été le témoin de beaucoup de développements significatifs qui sont liés à la réalisation des desseins de Dieu de réimplanter les nations dans les frontières qu'il leur a assignées. Au commencement de ce siècle, le temps de Dieu pour le retour du peuple juif sur sa propre terre était venu. La scène fut mise en place pour cela grâce à la première Conférence mondiale sioniste, qui s'est tenue en 1897.

Puis, en 1917, l'une des années les plus significatives, Jérusalem fut libérée par le général Allenby de quatre cents ans de domination turque; la déclaration Balfour fut signée par le gouvernement britannique, et le premier état officiellement athée vint à l'existence - c'est-à-dire l'URSS. D'une façon ou d'une autre, tous ces événements sont en relation avec le plan de Dieu pour clore ce temps.

Cependant, lorsque nous regardons l'histoire, il est clair que les Juifs ne voulaient pas, pour la plupart, retourner en Palestine. Une minorité s'était passionnément engagée à le faire, mais s'il n'en avait tenu qu'à eux, peu seraient rentrés. Il semblait que le dessein de Dieu en aurait été frustré.

Mais alors vint l'holocauste! A la pensée de cette agonie et de cette horreur, nous avons le vertige; et pourtant, en définitive, cela a servi les desseins de Dieu. Rien de moins n'aurait pu déraciner les communautés juives d'Europe, où elles s'étaient établies et avaient vécu depuis des siècles. Ce fut la pression de l'holocauste qui les poussa à tourner leur regard une fois de plus vers leur propre pays.

Ces événements illustrent deux faces opposées de la personnalité de Dieu. Il est absolument fidèle dans son amour, mais, si besoin est, impitoyable pour mettre à exécution ses projets prédéterminés. Dans Jérémie 31:3, Dieu parle à Israël et dit: "Je t'aime d'un amour éternel..." Ce fut cet amour qui utilisa la cruauté humaine de l'holocauste pour provoquer la renaissance d'Israël en tant que nation. Ainsi, Dieu accomplit sa promesse dans Osée 2:15: "... je lui [Israël] donnerai ... la vallée d'Acor [des malheurs], comme une porte d'espérance."

* * * * * * *

16. DIEU EST-IL INJUSTE?

De nombreuses déclarations ont été faites disant que la restauration d'Israël sur sa terre a conduit à de l'injustice. Même quelques sincères chrétiens tiennent ce point de vue. Cependant, la Bible dit emphatiquement que Dieu est incapable d'injustice. Dans Deutéronome 32:3-4, dans ses dernières paroles à Israël, Moïse déclara:

> *Car je proclamerai le nom de l'Eternel. Rendez gloire à notre Dieu! Il est le rocher; ses oeuvres sont parfaites, car toutes ses voies sont justes; c'est un Dieu fidèle et sans iniquité, il est juste et droit.*

Quelqu'un a comparé notre vision de l'histoire à une personne ne voyant que l'envers d'un tapis oriental. Les nombreuses formes et les différentes couleurs semblent embrouillées et sans attrait. Mais quand on retourne le tapis, on peut en apprécier sa vraie beauté.

Il en est ainsi avec la réalisation des desseins de Dieu dans l'histoire. De notre point de vue terrestre, il est difficile de discerner le motif que Dieu est en train de tisser. Souvent cela semble tout fouilli et dénué de sens. Mais lorsque nous sommes capables de le voir d'une perspective céleste, nous sommes d'accord avec Moïse: "... ses oeuvres sont parfaites, car toutes ses voies sont justes."

Nous ne disons pas cela pour nier le fait que, sur le plan humain, il y a eu des actes d'injustice perpétrés par les nombreuses parties impliquées dans le retour d'Israël dans son pays. Il y a aussi eu de grandes souffrances accablant de nombreuses personnes.

Pourtant, de toutes les parties impliquées, aucune n'a souffert autant que les Juifs. Après que six millions eurent péri dans l'holocauste, un reste infime a eu à faire face à plus de quarante ans de combat sanglant pour survivre dans son propre pays.

J'ai moi-même expérimenté directement, au moins dans une moindre mesure, à la fois l'injustice et la souffrance qui ont accompagné la renaissance de l'Etat d'Israël. Pendant le conflit qui éclata à cette époque, ma première femme et moi vivions à Jérusalem avec notre famille de huit filles adoptives. Parmi elles, il y avait six Juives, une Arabe palestinienne et une Anglaise. Leurs âges allaient de cinq à vingt ans. Deux fois en quelques mois, nous avons dû nous enfuir au milieu de la nuit, avec toute notre famille en ne prenant rien de plus avec nous que ce que nous pouvions porter dans nos mains.

La première fois, nos vies furent menacées par un détachement de soldats de la Légion arabe. C'était la force armée officielle de Jordanie et l'une des forces de sécurité dans Jérusalem à l'époque, théoriquement responsable de sauvegarder les habitants de la ville. Un soir, à dix-neuf heures, nous avons appris qu'un groupe de ces soldats avait projeté d'attaquer notre maison à minuit et de violer et/ou de tuer nos filles juives. A vingt et une heures, toute notre famille sortit en marchant dans le noir et ne retourna jamais plus dans cette maison.

A ce moment, nous devînmes des réfugiés. Nous n'avons certes pas souffert autant que beaucoup d'autres, mais j'ai eu une expérience directe à la fois de l'injustice et de la souffrance. Cependant, accuser Dieu de cela en cette occasion serait une erreur.

Le problème est que, sous l'influence de la philosophie humaniste, notre société occidentale contemporaine a embrassé une vision pervertie et déséquilibrée des relations humaines.

Ce problème est révélé dans Matthieu 22:36-39 par une question posée à Jésus par un docteur de la loi:

> *Maître, quel est le plus grand commandement de la loi? Jésus lui répondit:* **Tu aimeras le Seigneur, ton Dieu, de tout ton coeur, de toute ton âme, et de toute ta pensée.** *C'est le premier et le plus grand commandement. Et voici le second, qui lui est semblable:* **Tu aimeras ton prochain comme toi-même.**

Ici, nous voyons que Dieu nous demande deux dimensions d'amour - l'une verticale et l'autre horizontale. La dimension verticale est l'amour pour Dieu; la dimension horizontale est l'amour pour nos prochains. Mais la dimension verticale est prioritaire, tandis que l'horizontale est secondaire.

De plus, la relation horizontale dépend de la relation verticale. Si nous n'aimons pas Dieu par-dessus toute autre chose, notre amour pour notre prochain ne pourra jamais être ce que Dieu nous demande. La même chose est vraie à l'égard de la justice. D'une perspective biblique, il y a deux dimensions à la justice: verticale et horizontale. La dimension verticale définit les droits que Dieu a, en tant que Créateur, sur toute la race humaine. L'horizontale traite des droits que les hommes ont à l'égard de leurs semblables. De nos jours il est typique, dans l'approche séculière de ces problèmes, que la dimension verticale de justice soit souvent complètement ignorée. Malheureusement, beaucoup de chrétiens pratiquants ont été influencés par cette façon séculière de penser. Néanmoins, la vraie justice exige que nous reconnaissions d'abord les droits que Dieu a sur tout homme, et seulement après les droits que nous avons à l'égard de nos semblables, ou qu'ils ont à notre égard.

Comme nous l'avons vu, un des droits prioritaires que Dieu a, en tant que Créateur, sur toutes les nations, est de déterminer les lieux qu'il a alloués à chacune d'elle pour y habiter. Aussi longtemps que les hommes refuseront de reconnaître ce droit juste de Dieu à leur égard, ils ne connaîtront jamais la vraie justice ni la vraie paix.

Dans les Actes 17:31, parlant à l'audience des gentils à Athènes, Paul déclara que la résurrection de Jésus d'entre les morts l'a désigné comme le juge et le chef choisi par Dieu, à qui nous rendrons des comptes:

> ... *parce qu'il* [Dieu] *a fixé un jour où il jugera le monde selon la justice, par l'homme qu'il a désigné, ce dont il a donné à tous une preuve certaine en le ressuscitant des morts...*

Marcus Dods, un ancien professeur d'histoire à l'université de Cambridge, fit une fois la remarque: "La résurrection de Jésus-Christ est l'un des faits les mieux confirmés de l'histoire humaine." Parce que Dieu a ainsi confirmé Jésus, il exige que tous les hommes se soumettent à son autorité. C'est la dimension prioritaire, verticale, de justice.

Quand les peuples du Moyen-Orient auront reconnu le juste droit de Dieu quant à leur soumission à Jésus, la porte sera ouverte afin qu'ils parviennent à une vraie paix l'un avec l'autre. En attendant, les négociations politiques peuvent produire au mieux une paix temporaire, superficielle. Cependant, la vraie justice et la paix durable ne viendront pas au Moyen-Orient jusqu'à ce que le Messie règne.

* * * * * * *

17. D'ABORD LES JUIFS, PUIS LES GENTILS

Le souvenir de l'holocauste, qui a eu un effet si profond sur la destinée d'Israël, soulève aussi d'importantes questions essentielles pour d'autres domaines de la race humaine.

Si Dieu a permis que la tribulation de l'holocauste vienne sur les Juifs, épargnera-t-il aux gentils une tribulation d'une même sévérité, eux qui sont coupables d'une si longue liste de mauvais traitements et de persécutions contre les Juifs? De nouveau, si Dieu a permis l'holocauste pour amener les Juifs d'Europe en harmonie avec son dessein, que permettra-t-il de venir sur l'Eglise si, de son côté, elle persiste à refuser d'accomplir le dessein révélé de Dieu pour elle?

Dans Romains 2, Paul donne les grandes lignes d'un certain ordre dans lequel Dieu s'occupe de l'humanité:

> ... [Dieu] *rendra à chacun selon ses oeuvres: réservant la vie éternelle à ceux qui, par la persévérance à bien faire, cherchent l'honneur, la gloire, et l'immortalité; mais l'irritation et la colère à ceux qui, par esprit de dispute, sont rebelles à la vérité et obéissent à l'injustice. Tribulation et angoisse sur toute âme d'homme qui fait le mal, sur le Juif premièrement, puis sur le Grec* [ou gentil]*! Gloire, honneur et paix pour quiconque fait le bien, pour le Juif premièrement, puis pour le Grec* [ou gentil]! (versets 6-10)

Dieu administre à la fois la bénédiction et le jugement dans un certain ordre: sur le Juif premièrement, et puis sur les gentils. Il se délecte à répandre la bénédiction, mais il est lent à administrer son jugement. Néanmoins, une désobéissance persistante provoquera finalement son jugement.

Les chrétiens sont prêts à appliquer ce principe aux Juifs, mais nous avons besoin de nous demander: comment cela s'applique-t-il à l'Eglise?

L'amour de Dieu pour l'Eglise, juste comme son amour pour Israël, est éternel. Il a un plan pour l'Eglise qui implique une bénédiction et un privilège énorme. En ce moment, cependant, une grande partie de l'Eglise pratiquante n'est pas soumise au plan de Dieu, ou n'est pas en train d'y marcher.

Dans Matthieu 28:19-20 et Marc 16:15, Jésus commande à ceux qui le suivent d'aller dans le monde entier et de faire des disciples de toutes les nations. Ce commandement n'a jamais été annulé, ni ne fut adressé qu'à une petite fraction de l'Eglise; il a été adressé à toute l'Eglise.

Il y a différentes façons par lesquelles les chrétiens peuvent jouer un rôle pour exécuter ce commandement, mais la responsabilité totale doit être partagée par L'Eglise entière. Cela embrasse nos prières, nos finances, nos activités et chaque priorité dans nos vies. Pas un chrétien n'en est exempté.

Quand nous nous tenons devant le trône du jugement de Christ, chacun d'entre nous doit être préparé à donner une réponse personnelle à la question: "Quelle part avez-vous jouée pour que l'Evangile de mon royaume soit proclamé à toutes les nations?"

Pourtant, à notre époque, probablement moins de cinq pour cent de l'Eglise est engagé de quelque manière significative que ce soit à proclamer l'Evangile du Royaume à toutes les nations. S'ils étaient mis au défi à ce sujet, les chrétiens s'en sortiraient probablement avec une variété de réponses différentes. En voici juste quelques-unes que nous pourrions entendre:

> *Je sais que Dieu m'a appelé en Afrique, mais maintenant je suis marié et nous voulons avoir une famille...*
>
> *J'aimerais pouvoir donner pour cette oeuvre, mais nous avons tant de dettes - nos paiements pour l'hypothèque sont élevés, et puis il y a le remboursement de l'auto, et nous avons vraiment besoin d'un magnétoscope pour regarder les vidéos d'enseignement de la Bible...*
>
> *Ma soeur est toujours en train de prier, mais elle en a le temps. Je suis trop occupé avec mon travail et les cours du soir...*

Quelques-unes de ces réponses semblent faire écho aux raisons que les Juifs auraient pu donner pour continuer à vivre en Allemagne après qu'Hitler parvint au pouvoir en 1933. L'attrait illusoire du confort et de la sécurité les aveugla face aux claires indications des projets diaboliques d'Hitler à l'égard des Juifs, et même face aux avertissements de leurs propres prophètes.

Par exemple, Dieu avait dit les concernant, dans Jérémie 16:15-16:

> *Je les ramènerai dans leur pays, que j'avais donné à leurs pères. Voici, j'envoie une multitude de pêcheurs, dit l'Eternel, et ils les pêcheront; et après cela j'enverrai une multitude de chasseurs, et ils les chasseront de toutes les montagnes et de toutes les collines, et des fentes des rochers.*

Tout cela s'est exactement accompli dans les années

qui ont suivi 1933. D'abord, Dieu envoya des "pêcheurs" - des hommes comme Zeev Jabotinsky, l'un des premiers pionniers juifs en Palestine - qui avertit les Juifs d'Allemagne: "Il n'y a aucun futur pour vous ici. Retournez dans votre propre pays pendant que la porte est encore ouverte."

Pourtant, les dirigeants juifs d'Allemagne n'ont pas pris au sérieux de tels avertissements et ont continué à maintenir qu'ils pouvaient rester là en sécurité et prospérer. Au moment où ils furent prêts à reconnaître les faits réels concernant les intentions d'Hitler, les portes de la fuite s'étaient refermées sur la plupart d'entre eux.

Après cela, en accomplissement de ses avertissements prophétiques, Dieu envoya les "chasseurs" - les nazis - qui littéralement "les chass[èrent] de toutes les montagnes et de toutes les collines, et des fentes des rochers". Finalement, six millions de Juifs périrent en Europe.

C'est maintenant relativement facile pour les chrétiens - croyant en la Bible - de voir comment les avertissements de Dieu à l'égard du peuple juif se sont littéralement accomplis. Cependant, nous avons besoin de nous rappeler qu'avec Dieu, il n'y a aucun favoritisme personnel. Les principes de sa justice sont les mêmes pour les chrétiens que pour les Juifs. Dieu a dit à Israël - à travers le même prophète Jérémie - "Je t'aime d'un amour éternel" (Jérémie 31:3), bien que son amour pour Israël ne lui ait pas fait retirer les jugements qu'il avait prononcés précédemment contre eux à travers la bouche du même prophète.

Dieu aime aussi l'Eglise d'un amour éternel, mais son amour n'annulera aucun des commandements qu'il a donnés dans le Nouveau Testament. Il désire de la part de son Eglise une obéissance de bonne volonté, de bon coeur, à ses commandements. Mais s'il ne reçoit pas cette sorte d'obéissance, il peut trouver une autre façon d'amener l'Eglise en harmonie avec sa volonté.

En ce moment, l'Eglise semble suivre le même cours dangereux que les Juifs d'Allemagne lorsqu'Hitler arriva au pouvoir. D'innombrables chrétiens sont tellement séduits par les illusions du confort et de la sécurité, qu'ils sont en train d'ignorer le commandement clair de Jésus d'amener l'Evangile à toutes les nations.

Est-il possible que Dieu permette que quelque chose d'équivalent à l'holocauste s'abatte sur l'Eglise, qui par son entêtement persiste à ignorer ses commandements et ses avertissements?

Pour moi, personnellement, il ne s'agit pas seulement d'une question théologique, mais bien d'une question réelle et urgente, à laquelle nous avons besoin d'apporter une réponse.

* * * * * * *

18. L'ELECTION ET L'EGLISE

Nous avons déjà vu que les relations de Dieu avec Israël sont l'expression de sa souveraine décision, qu'elles ne sont pas basées sur des oeuvres. En particulier, l'apôtre Paul fait ressortir le fait que Dieu a rejeté Esaü et choisi Jacob alors qu'ils étaient encore dans le ventre de leur mère, afin de démontrer que le fondement de ses relations avec les nations réside en son propre choix souverain. Les chrétiens de la gentilité ont quelquefois des difficultés à accepter ce principe, spécialement lorsque l'on insiste sur le choix de Dieu en faveur des Juifs.

Néanmoins, une soigneuse analyse du Nouveau Testament révèle que le même principe s'applique également aux chrétiens de la gentilité. En fait, il s'applique à tout croyant, indépendamment de ses origines nationales ou raciales. Chaque vrai croyant en Jésus-Christ a été divinement élu (choisi). Autrement, il ne serait pas et ne pourrait pas être croyant.

Quelques parties de l'Eglise ne reconnaissent pas cela. Les sections de l'Eglise qui le reconnaissent sont toujours regardées avec méfiance. Cela peut être dû en partie au fait que lorsque ces croyants ont embrassé une vérité importante, ils ont quelquefois trop insisté au point d'ignorer d'autres vérités également importantes. De cette manière, ils ont poussé une vérité particulière jusqu'à des extrêmes non bibliques. (Il y a l'histoire du frère calviniste qui fit une chute dans l'escalier, se cassa une jambe et dit: "Je suis content que cela soit fini!")

Pourtant, c'est probablement mieux d'insister sur une vérité jusqu'à l'extrême (bien que cela ne soit pas nécessaire) que de l'ignorer. Pour l'exprimer d'une autre façon, je crois qu'il y a un plus grand déséquilibre à ignorer la souveraineté et le divin choix de Dieu qu'il n'y en a à les surestimer. En fait, une grande partie du manque de profondeur et de la présomption affectant le christianisme contemporain est due au fait que nous ne réalisons pas l'origine divine, éternelle de notre salut.

Nous sommes chrétiens non pas parce que nous avons choisi Dieu, mais parce que Dieu nous a choisis. Dans beaucoup d'enseignements contemporains, nous restons avec le sentiment que le salut dépend entièrement de la bonne décision que l'on prend, alors qu'en réalité cela est secondaire. Le salut dépend de la décision que Dieu a déjà prise, chacune des nôtres étant simplement la réponse à la décision que Dieu a déjà prise. De plus, il a fait cela avant de créer le monde.

Autrement dit, le principe de l'élection divine, que nous avons vu s'appliquer à Israël, s'applique tout autant à l'Eglise. Dieu n'a pas d'autres principes. Il n'approuve ni ne bénit jamais aucune décision ni aucun programme qu'il n'a pas lui-même suscités. Beaucoup de chrétiens auraient plus d'assurance s'ils réalisaient que leurs vies sont le résultat d'un plan qui fut conçu de toute éternité avant que la création ne prit place.

Il y a un certain nombre d'écrits du Nouveau Testament qui, pris ensemble, révèlent ce principe de l'élection divine. D'abord, dans Jean 15:16, Jésus parle à ses disciples:

> *Ce n'est pas vous qui m'avez choisi; mais moi, je vous ai choisis, et je vous ai établis, afin que vous alliez, et que vous portiez du fruit, et que votre fruit demeure, afin que ce que vous demanderez au Père en mon nom, il vous le donne.*

Les apôtres ne s'étaient pas mis à suivre Jésus parce qu'ils avaient fait le bon choix. Ce n'était pas eux, mais Jésus qui avait fait le choix. Ce principe s'applique à tous les croyants que Dieu appelle à son service. Dans 2 Thimothée 1:8-9, Paul dit que Dieu "nous a sauvés, et nous a appelés par une vocation sainte, non à cause de nos oeuvres, mais selon son propre dessein, et selon la grâce *qui nous a été donnée en Jésus-Christ avant les temps éternels*..."[9]

Le processus de l'élection divine est révélé avec plus de détails dans Romains 8:29-30:

> *Car ceux qu'il* [Dieu] *a connus d'avance, il les a aussi prédestinés à être semblables à l'image de son Fils... Et ceux qu'il a prédestinés, il les a aussi appelés; et ceux qu'il a appelés, il les a aussi justifiés; et ceux qu'il a justifiés, il les a aussi glorifiés.*

Ce passage contient une succession de verbes au temps passé: a connus, a prédestinés, a appelés, a justifiés, a glorifiés. Ils tracent le seul itinéraire qui conduit à la gloire de Dieu. Les deux premières étapes - "a connus" et "a prédestinés" - se sont passées dans l'éternité avant que le temps n'apparaisse.

Tout le processus avait son origine dans la connaissance anticipée de Dieu. De toute éternité, il connaissait à l'avance chacun de nous. Selon cette connaissance, il nous a prédestinés - c'est-à-dire qu'il a prévu le cours que vos vies devraient prendre.

Personnellement, je lui suis très reconnaissant pour cela. Je ne verrai que dans l'éternité *de quoi* Dieu m'a sauvé - si j'avais essayé de diriger ma propre vie. Encore plus

---

[9] Italique ajouté.

important, l'éternité me révélera le fruit qui s'est développé parce que j'ai cherché à suivre le plan de Dieu et obéi à sa direction.

La première épître de Pierre donne davantage de lumière sur ce processus. Cependant, il est important de reconnaître que cette épître est adressée "à ceux qui sont étrangers et dispersés"[10] (1 Pierre 1:1). Le mot "dispersion" (en grec diaspora) était habituellement utilisé pour désigner spécifiquement les Juifs vivant en dehors de la terre d'Israël. Ainsi, cette épître (avec celles des Hébreux, de Jacques et de 2 Pierre) s'adresse principalement aux croyants juifs. Néanmoins, la vérité qu'elle présente s'applique également à tous les croyants.

> *A ceux qui sont étrangers et dispersés dans le Pont, la Galatie, la Cappadoce, l'Asie et la Bithynie, et qui sont élus selon la prescience de Dieu le Père...*

Elus, en français moderne, veut dire *choisis*. Pierre dévoile ainsi une étape supplémentaire du processus qui se déroule dans l'éternité: Dieu nous *choisit*. Si nous combinons ces paroles de Pierre avec les paroles de Paul dans Romains 8:29-30, nous trouvons qu'il y a en réalité trois étapes qui appartiennent à l'éternité, avant le début du temps: Dieu nous *a connus*; il nous *a choisis*; il nous *a prédestinés*.

On a besoin de cette révélation de la *prescience* de Dieu pour compléter la révélation de son *choix*. Sans cela, nous pourrions conclure que celui-ci est purement arbitraire. Mais il n'en est pas ainsi. Le choix fait pour chaque individu procède de sa *prescience*. Il sait exactement ce qu'il peut faire de chaque vie.

---

[10] Dans la version anglaise: "aux pèlerins [ou étrangers] de la diaspora".

Très souvent, une personne qui est appelée par Dieu à quelque tâche particulière se sent tout à fait inadéquate - comme c'était le cas de Moïse, de Gédéon, de Jérémie et de beaucoup d'autres. Il y a une tentation de répondre: "Mais, Dieu, je ne peux pas faire cela!"

Cependant, Dieu a toujours donné sa réponse dans les Ecritures: "Je te connaissais avant la création. Mon choix et mon appel sont basés sur la connaissance que j'ai de toi. Je connais mieux que toi-même ce que je peux faire de toi, et j'ai arrangé le cours de ta vie en conséquence."

Les gens peuvent réagir de différentes façons à cette révélation de la parole de Dieu. Ma propre réponse est tout à fait à l'opposé de l'orgueil et de la présomption. J'ai un énorme sens de ma responsabilité personnelle. Mon plus grand souci est d'accomplir le plan de Dieu tracé pour moi de toute éternité. Je commence à m'identifier avec les paroles de Jésus dans Jean 4:34: "Ma nourriture est de faire la volonté de celui qui m'a envoyé, et d'accomplir son oeuvre."

D'un autre côté, mon sens des responsabilités est équilibré par la merveilleuse assurance de 1 Thessaloniciens 5:24: "Celui qui vous a appelés est fidèle, et c'est lui qui le fera." Finalement, cela produit en moi, instant après instant, une infinie reconnaissance de savoir que je dépends de la grâce toute suffisante de Dieu.

En lisant cela, certains pourront vouloir l'appliquer dans leur propre vie, et en être empêchés par un sentiment de leur propre insuffisance. Je leur offrirai une parole d'encouragement, basée sur plus de cinquante années dans le service du Seigneur: *Détournez votre regard de vous-même et de vos propres capacités, et croyez vous-même à l'omnipotence de Dieu.*

Le psalmiste David a aussi une parole de conseil pour vous:

Recommande ton sort à l'Eternel, mets en lui ta confiance, et il agira. (Psaume 37:5)

Je peux vous le certifier par expérience: *"Ça marche!"*

* * * * * * *

19. PAS L'EFFORT, MAIS L'UNION

Dans Ephésiens 1, Paul fait ressortir plus loin qu'en tant que chrétiens, nous avons été choisis par Dieu de toute éternité.

> *Béni soit Dieu, le Père de notre Seigneur Jésus-Christ, qui nous a bénis de toutes sortes de bénédictions spirituelles dans les lieux célestes en Christ! En lui Dieu nous a élus avant la fondation du monde, pour que nous soyons saints et irrépréhensibles devant lui, nous ayant prédestinés dans son amour à être ses enfants d'adoption par Jésus-Christ, selon le bon plaisir de sa volonté...* (versets 3-5)

Paul continue au verset 11:

> *En lui nous sommes aussi devenus héritiers, ayant été prédestinés suivant la résolution de celui qui opère toutes choses d'après le conseil de sa volonté...*

Notez la séquence de verbes au temps passé: il nous *a élus*, nous *ayant prédestinés*, *ayant* été *prédestinés*... Tout cela "suivant la résolution de celui qui opère toutes choses d'après le conseil de sa volonté". Aucune mention n'est faite d'un choix humain ou d'un mérite humain. Tout le long de ce chemin, à travers l'éternité et se prolongeant jusque dans le temps, l'initiative procède de Dieu.

Le dessein ultime qui doit être accompli est que "nous soyons saints et irrépréhensibles devant lui... dans son amour". Comment quelqu'un parmi nous pourrait-il jamais aspirer accomplir cela par ses propres efforts?

Un des grands ennemis de la vraie sainteté est l'activité religieuse. La clé du succès chrétien n'est pas l'effort; c'est l'union. Jésus a dit: "Je suis le cep, vous êtes les sarments" (Jean 15:5). Avez-vous jamais entendu parler d'une branche de vigne faisant beaucoup d'effort pour produire des grappes? Ce serait ridicule. La branche produit des grappes parce que la sève monte à travers le tronc dans les branches lorsque le soleil brille dessus. Dans cette simple parabole, nous avons une belle illustration des trois personnes de la trinité: le Père est le vigneron, Jésus est le cep et le Saint-Esprit est la nourriture donneuse de vie.

La clé pour produire du fruit est de demeurer en Jésus, et d'être satisfait de la connaissance que Dieu amènera dans votre vie ce qu'il a ordonné. Voilà la vraie sainteté du Nouveau Testament.

Cette brève analyse de la doctrine de l'élection (du choix de Dieu) dans le Nouveau Testament révèle un point important, qui a souvent été négligé: la base des relations de Dieu avec l'Eglise est exactement la même que la base de ses relations avec Israël. Dans chaque cas, c'est Dieu qui sait à l'avance, qui choisit, qui prédestine.

Les chrétiens, qui contestant l'enseignement que Dieu a fait un choix irréversible avec Israël, ont - sans le réaliser - bouleversé la base de leur propre relation avec lui. En dernier ressort, Israël et l'Eglise sont tous deux également dépendants de la libre faveur de Dieu, imméritée, l'expression de son choix et de son appel. Les paroles de Paul dans Romains 11:29 s'appliquent aux Juifs comme aux chrétiens: "Les dons et l'appel de Dieu sont irrévocables."

* * * * * * *

20. L'EGLISE SERA-T-ELLE AUSSI UN RESTE?

Dans Romains 11:26, Paul dit que "tout Israël sera sauvé". Mais précédemment, dans Romains 9:27, il avait affirmé qu'"un reste seulement sera sauvé". En d'autres termes, le "tout Israël" qui sera sauvé est *ce reste* que Dieu a connu par avance.

Des passages comme ceux de Sophonie 3:12-13 et Zacharie 13:8-9 confirment que les élus d'Israël seront un reste - peut-être un tiers. Nous avons également vu que la base des relations de Dieu avec l'Eglise est la même qu'avec Israël. Nous aurons alors besoin de nous poser une question d'une importance essentielle: *l'Eglise qui est sauvée sera-t-elle aussi un reste?*

Dieu promet à Israël un avenir vraiment glorieux, mais il avertit aussi que le reste sauvé d'Israël passera à travers d'intenses pressions pour devenir tel que Dieu le veut. L'Eglise émergera-t-elle comme un reste qui aura été purifié par des pressions non moins intenses?

De nombreux écrits concernant l'Eglise semblent dépeindre un reste qui a rempli certaines conditions. Dans Luc 13:24-27, on pose à Jésus la question: "n'y a-t-il que peu de gens qui soient sauvés?" Il répond:

> *Efforcez-vous d'entrer par la porte étroite. Car, je vous le dis, beaucoup chercheront à entrer, et ne le pourront pas. Quand le maître de la maison se sera levé et aura fermé la porte, et que vous, étant dehors, vous commencerez à frapper à la porte, en disant: Seigneur, Seigneur, ouvre-nous! il vous répondra: Je ne sais d'où vous êtes. Alors vous vous mettrez à*

> *dire: Nous avons mangé et bu devant toi, et tu as enseigné dans nos rues. Et il répondra: Je vous le dis, je ne sais d'où vous êtes; retirez-vous de moi, vous tous, ouvriers d'iniquité* [anarchie].

A la fin du sermon sur la montagne, Jésus donne un avertissement similaire:

> *Ceux qui me disent: Seigneur, Seigneur! n'entreront pas tous dans le royaume des cieux, mais celui-là seul qui fait la volonté de mon Père qui est dans les cieux. Plusieurs me diront en ce jour-là: Seigneur, Seigneur, n'avons-nous pas prophétisé par ton nom? n'avons-nous pas chassé des démons par ton nom? et n'avons-nous pas fait beaucoup de miracles par ton nom? Alors je leur dirai ouvertement: Je ne vous ai jamais connu, retirez-vous de moi, vous qui commettez l'iniquité.* (Matthieu 7:21-23)

Personnellement, je ne crois pas que ces gens faisant ces déclarations d'opérer des miracles étaient en train de mentir. Ils ont vraiment fait ce qu'ils ont déclaré. Mais être capable de prophétiser, de chasser des démons et de faire des miracles ne prouve pas nécessairement qu'une personne est élue de Dieu.

Dans la réponse du Seigneur, il y a une expression significative qui revient trois fois: "Je ne sais d'où vous êtes ... je ne sais d'où vous êtes... Je ne vous ai jamais connus." Ils n'avaient jamais été sur la liste des élus de Dieu. A partir de sa perspective dans l'éternité, il avait regardé leur ministère public à travers leurs vies personnelles. Il avait recherché la nature de Jésus, la nature de l'Agneau, manifestée en douceur, en pureté et en sainteté. Mais en vain!

Extérieurement, ces faiseurs de miracles avaient été occupés à servir le Seigneur, mais dans le plus profond de leur caractère, Dieu avait discerné quelque chose qui était comme de "l'iniquité". Il s'agit d'attitudes comme l'orgueil, l'arrogance, l'égoïsme, la cupidité, l'ambition personnelle. Pour de telles personnes, il n'y avait aucune place réservée au ciel. Il y a une exigence invariable de Dieu qui se retrouve dans toute la Bible: *la sanctification sans laquelle personne ne verra le Seigneur* (Hébreux 12:14).

Dans Matthieu 24, Jésus révèle un autre signe qui caractérise l'élu de Dieu: la *persévérance*. Aux versets 4-13, il donne une image rapide mais claire de cette période conduisant au terme de ces temps. Il décrit une série d'événements qu'il appelle "les douleurs de l'enfantement" ou "le commencement des douleurs" parce qu'ils aboutiront à la naissance du royaume de Dieu sur la terre. Il avertit ses disciples qu'ils seront progressivement soumis à des pressions grandissantes.

> *Alors on vous livrera aux tourments, et l'on vous fera mourir; et vous serez haïs de toutes les nations, à cause de mon nom.* (verset 9)

De quelle sorte de gens parle-t-on ici? De toute évidence, ce sont des chrétiens qui souffrent "à cause de [son] nom".

> *Alors aussi plusieurs succomberont, et ils se trahiront, se haïront les uns les autres. Plusieurs faux prophètes s'élèveront, et ils séduiront beaucoup de gens. Et parce que l'iniquité se sera accrue, la charité du plus grand nombre se refroidira.* (versets 10-12)

Qui sont les "*plusieurs*" qui succomberont et qui se trahiront? Plusieurs chrétiens. Et qui sont ceux dont l'amour - en grec *agape* - se refroidira parce que l'iniquité se sera accrue? De nouveau, plusieurs chrétiens.

Au verset 13, Jésus poursuit avec des paroles qui sont à la fois un avertissement et une promesse: "Mais celui qui *persévérera* jusqu'à la fin sera sauvé." En fait, le grec est plus précis: "Celui qui aura persévéré jusqu'à la fin sera sauvé." Persévérer jusqu'à la fin est une exigence pour le salut. Seulement ceux qui *auront persévéré* seront sauvés.

Il est important de reconnaître que les chrétiens dans beaucoup d'endroits du monde sont déjà soumis à des épreuves de ce genre. Toutes ces choses dont Jésus parle dans Matthieu 24:9-13 se sont déjà produites, et continuent d'être vécues, par les chrétiens des pays communistes comme la Chine (où un cinquième de la population mondiale se trouve), et dans de nombreuses nations islamiques. Au cours de ce siècle, les chrétiens des nations occidentales ont été dans la majeure partie préservés d'épreuves de ce genre, mais il n'y a aucune garantie à ce que cela continue.

Il y a un dessein divin derrière ces épreuves, auquel aussi bien les Juifs que les chrétiens sont soumis. Comme l'époque présente arrive à sa fin, Dieu a l'intention de se faire un peuple pour son nom, qui sera prêt à partager son royaume pour l'éternité. Aussi, il n'épargnera à son peuple aucune des épreuves nécessaires pour produire cette sorte d'engagement et de caractère qu'il exige. L'Eglise tout autant qu'Israël est confrontée à la même période d'épreuves.

Par conséquent, ce n'est pas le moment pour les chrétiens de se tenir en arrière et de dire: "Laissons les Juifs affronter ces épreuves, ils les méritent." Chacun de nous - que nous soyons Juifs ou chrétiens - a besoin de se demander: "Sommes-nous préparés à passer au travers de ce qui est nécessaire afin que nous devenions ce que Dieu a l'intention que nous soyons?" Pour ceux qui répondent favorablement, le résultat final sera un peuple agréable à Dieu, prêt à partager sa gloire.

21. LA REPONSE QUE DIEU DEMANDE

Alors quelle est la réponse que Dieu demande?
En tout premier lieu, nous devons tenir compte de l'avertissement de 2 Pierre 1:19-21:

> *Et nous tenons pour d'autant plus certaine la parole prophétique, à laquelle vous faites bien de prêter attention, comme à une lampe qui brille dans un lieu obscur, jusqu'à ce que le jour vienne à paraître et que l'étoile du matin se lève dans vos coeurs - sachant tout d'abord vous-mêmes qu'aucune prophétie de l'Ecriture ne peut être un objet d'interprétation particulière, car ce n'est pas par une volonté d'homme qu'une prophétie a jamais été apportée, mais c'est poussés par le Saint-Esprit que des hommes saints ont parlé de la part de Dieu.*

Certainement, le monde autour de nous répond à la description de Pierre: "un lieu obscur". En dépit de toutes les réalisations technologiques de l'homme, l'obscurité spirituelle s'épaissit. Les coeurs des hommes et des femmes sont remplis de perplexité et d'incertitude, dans la crainte de ce qui les attend dans l'avenir. Nulle part cela n'est plus vrai qu'au Moyen-Orient.

Néanmoins, au milieu des ténèbres, Dieu a fourni une lumière claire: "la parole des prophètes". Alors que l'obscurité environnante s'accroît, la lumière de la prophétie biblique est d'autant plus lumineuse. C'est la seule source sûre d'information concernant Israël et le Moyen-Orient.

Vivant à Jérusalem comme c'est notre cas, Ruth et

moi nous réalisons que nous sommes continuellement soumis à beaucoup de forces négatives, à la fois religieuses et politiques. Nous en sommes venus à comprendre que nous ne pourrions jamais survivre spirituellement si nous devions retirer notre attention des Ecritures. Elles - et elles seules - apportent la lumière dans les ténèbres environnantes.

Deux passages des Ecritures sont devenus particulièrement lumineux pour nous; l'un de l'Ancien Testament et l'autre du Nouveau.

Dans les Proverbes 14:26:

Celui qui craint l'Eternel possède un appui ferme, et ses enfants ont un refuge auprès de lui.

Dans l'épître aux Hébreux 10:35:

N'abandonnez donc pas votre assurance, à laquelle est attachée une grande rémunération.

Au milieu des tensions et des hostilités qui ne se relâchent jamais, "les paroles des prophètes" fournissent encore une source de profonde et sereine assurance. Nous voyons de plus en plus clair, comme les événements le révèlent, que Dieu est sans cesse au travail, selon sa promesse donnée à Jérémie:

... je veille sur ma parole, pour l'éxécuter
(Jérémie 1:12)

Il y a une attitude particulière contre laquelle l'Ecriture nous met en garde, c'est *l'orgueil*. J'ai fait allusion, plus haut, au passage de Romains dans lequel Paul parle à propos de l'olivier qui a comme racines Abraham, Isaac et Jacob, et qui s'est développé comme étant le peuple de Dieu nommé Israël. S'adressant aux croyants de la gentilité, il explique comment les gentils ont pu recevoir une place dans l'olivier:

> *Mais si quelques-unes des branches ont été retranchées, et si toi, qui était un olivier sauvage, tu as été enté à leur place, et rendu participant de la racine et de la graisse de l'olivier...* (Romains 11:17)

Normalement, en horticulture, on greffe une bonne branche sur un arbre sauvage, afin que la vigueur de ce dernier aide la bonne branche à produire des fruits. L'inverse, c'est-à-dire greffer une branche sauvage sur un bon arbre, est contraire à la nature. Pour ma part, je suis profondément reconnaissant à Dieu qu'il ait pris la peine de me greffer, en tant que gentil, sur son olivier. Ayant cette origine, je réalise que, de bien des manières, mes attitudes et mes traditions n'étaient pas en harmonie avec l'arbre lui-même. Je suis stupéfait de la grâce de Dieu qui fut, et est encore, si patient avec moi.

Il est crucial que nous, issus du monde des gentils, maintenions une telle attitude d'humilité. Ecoutez le message de Paul aux branches d'olivier sauvage:

> *... ne te glorifie pas aux dépens de ces branches. Si tu te glorifies, sache que ce n'est pas toi qui portes la racine, mais que c'est la racine qui te porte. Tu diras donc: les branches ont été retranchées, afin que moi je fusse enté. Cela est vrai; elles ont été retranchées pour cause d'incrédulité, et toi, tu subsistes par la foi. Ne t'abandonne pas à l'orgueil, mais crains; car si Dieu n'a pas épargné les branches naturelles, il ne t'épargnera pas non plus. Considère donc la bonté et la sévérité de Dieu: sévérité envers ceux qui sont*

> *tombés, et bonté de Dieu envers toi, si tu demeures ferme dans cette bonté; autrement, tu seras aussi retranché.* (Romains 11:18-22)

Le message de Paul ne laisse aucune place à l'orgueil, l'arrogance ou l'insouciance, qu'il s'agisse des Juifs ou des gentils. C'est un avertissement puissant à tous, mais spécialement aux gentils.

Aussi, quelle devrait être notre attitude envers les développements présents du Moyen-Orient? Tout d'abord, nous devons réaliser combien les prophéties du retour d'Israël sont précises et d'actualité. Dans Esaïe 43:5-6, le Seigneur fait les promesses suivantes à Israël:

> *Ne crains rien, car je suis avec toi; je ramènerai de l'orient ta race, et je te rassemblerai de l'occident. Je dirai au septentrion* [Nord]*: Donne! et au midi* [Sud]*: Ne retiens point! Fais venir mes fils des pays lointains, et mes filles de l'extrémité de la terre...*

Les deux dernières régions géographiques désignées sont le *Nord* et le *Sud*. Pour comprendre la direction de ces régions auxquelles l'Ecriture fait référence, nous devons toujours nous placer mentalement dans le lieu qui est central à toute la révélation biblique - c'est-à-dire la terre d'Israël. Ainsi, le *Nord* est le nord d'Israël - principalement la moitié ouest de l'antérieure URSS; le *Sud* est le sud d'Israël, principalement la moitié est de l'Afrique.

Dans les années qui ont suivi 1989, il y a eu un accomplissement spectaculaire de ces prophéties particulières. A la fin de l'année 1991, presque quatre cent mille Juifs sont retournés en Israël en provenance de la précédente URSS et vingt mille en provenance de l'Ethiopie. Dans ces deux nations, sous l'influence du communisme, il y a eu de puissantes forces politiques s'opposant à la libération des Juifs. Et puis soudain, l'opposition fut mise de côté, et la voie ouverte pour le départ des Juifs.

Le facteur décisif qui amena cette circonstance ne fut pas politique, mais spirituel. C'était la déclaration prophétique de Dieu: "Je dirai au septentrion: Donne! Et au midi: Ne retiens point!" Lorsque le temps fut venu pour l'accomplissement de cette parole prophétique, même les gouvernements les plus puissants et les plus entêtés ont dû plier devant elle. Le nord n'avait pas d'autre alternative que de "les donner". Le sud n'était plus capable de "les retenir".

Pendant de nombreuses années, avant que ces choses n'arrivent, les chrétiens du monde entier avaient vu la pertinence de ces prophéties dans Esaïe 43:5-6. Par conséquent, ils s'étaient mis à prier afin que Dieu accomplisse les promesses qu'il avait données. Le résultat historique est une démonstration que le pouvoir de la prière du croyant, basée sur l'Ecriture, est finalement irrésistible.

Plus loin, dans les écrits prophétiques, Jérémie dépeint avec de nombreux détails la restauration d'Israël de cette fin des temps. En guise d'introduction, il dit:

> *Voici, les jours viennent, dit l'Eternel, où je ramènerai les captifs de mon peuple d'Israël et de Juda, dit l'Eternel; je les ramènerai dans le pays que j'ai donné à leurs pères, et ils le posséderont.*
> (Jérémie 30:3)

Comme dans le Psaume 105, ce passage ne laisse aucun doute quant au territoire dont il est fait référence. Dieu déclare qu'il ramènera Israël dans "le pays qu'il a donné à leurs pères". Comme il a été dit précédemment, il y a une seule terre qui répond à cette description - celle qui est encore une fois appelée par le nom d'Israël.

Encore plus loin, Jérémie décrit une triple réponse que le Seigneur demande de ceux qui ont reçu cette parole prophétique de la restauration d'Israël:

> *Car ainsi parle l'Eternel: Poussez des cris de joie sur Jacob, éclatez d'allégresse à la tête des nations! Elevez vos voix, chantez des louanges, et dites: Eternel, délivre ton peuple, le reste d'Israël!*
> (Jérémie 31:7)

Aussi, voici trois façons par lesquelles Dieu nous demande de répondre: *proclamer, louer* et *prier*.

* * * * * * *

22. PROCLAMEZ!

Une des armes spirituelles les plus efficaces que Dieu a mise à la disposition de son peuple est la *proclamation* de sa parole. Proclamer la parole de Dieu est aujourd'hui pour nous ce qu'était le bâton de Moïse pour sa génération. Avec son bâton en action, Moïse mit en défaite les magiciens d'Egypte, déposséda Pharaon de son pouvoir, humilia les dieux d'Egypte et amena Israël de l'esclavage à la liberté.

Nous devons apprendre à utiliser la parole de Dieu comme Moïse utilisait son bâton. Lorsque nous nous saisissons des Ecritures et les proclamons avec une foi audacieuse, nous pouvons étendre l'autorité de Dieu dans toutes les situations dans lesquelles Satan s'oppose aux gens et aux desseins de Dieu.

Cela s'applique particulièrement à la situation présente au Moyen-Orient. Il y a de nombreuses forces s'opposant aux desseins révélés de Dieu, spécialement ceux en relation avec la restauration d'Israël. Cependant, il n'est pas dans l'intention de Dieu que son peuple croyant doive se tenir, tels des spectateurs passifs, en retrait de l'histoire. Il nous demande d'élever le bâton de sa parole, et de l'étendre en la proclamant hardiment contre chaque force et chaque situation qui résiste à ses desseins.

Dans Jérémie 31:10, Dieu nous a donné une parole spécifique à proclamer à toutes les nations:

> *Nations* [gentils], *écoutez la parole de l'Eternel, et publiez-la dans les îles lointaines! Dites: Celui qui a dispersé Israël le rassemblera, et il le gardera*

comme le berger garde son troupeau.

Cette parole doit être proclamée aux nations des gentils, même dans les coins les plus éloignés de la terre. Tous les peuples doivent être confrontés avec le dessein de Dieu à l'égard d'Israël.

Le message en lui-même est simple. Il peut être formulé en trois déclarations successives. Premièrement, Dieu a dispersé Israël (loin de son propre pays). Deuxièmement, ce même Dieu qui a dispersé Israël est en train maintenant de le rassembler (dans son propre pays). Troisièmement, Dieu ne le rassemblera pas seulement; il le gardera (protégera) aussi. Ainsi, l'ultime sécurité d'Israël est garantie par Dieu.

J'aime les paroles de Jérémie 31:10 dans leur langue originale, parce que l'hébreu a une façon unique de condenser les choses. La déclaration, *celui qui a dispersé Israël le rassemblera*, est exprimée seulement en trois mots: *Mzareh Yisrael yekabbetzenu.*

> *Mzareh*: Celui qui a dispersé
> *Yisrael*: Israël
> *Yekabbetzenu*: le rassemblera.

Il est assez intéressant de constater que le verbe *yekabbetz* est en relation directe avec le mot *kibboutz*. C'est presque comme si Dieu disait: "Quand je vous ramènerai, je vous rassemblerai en kibboutzim."

Israël est dans une situation désespérée, mais nous ne devons pas craindre pour l'avenir; car le même Dieu qui est en train de rassembler Israël - ce qui est déjà enthousiasmant - le gardera aussi. Proclamons-le hardiment et continuellement!

Ce passage de Jérémie 31:10 n'est pourtant que l'une

des innombrables Ecritures qui peuvent être proclamées en ce qui concerne le Moyen-Orient. J'en mentionnerai juste brièvement trois autres que Ruth et moi nous proclamons régulièrement.

> *Qu'ils soient confondus et qu'ils reculent tous ceux qui haïssent Sion! qu'ils soient comme l'herbe des toits, qui sèche avant qu'on l'arrache!* (Psaume 129:5-6)

L'expression "ceux qui haïssent Sion" représente une description courte mais compréhensive des diverses forces à présent dirigées contre Israël.

> *... Car le sceptre de la méchanceté ne restera pas sur le lot des justes...* (Psaume 125:3)

"Le sceptre de la méchanceté" est, je crois, une description précise de l'islam.

Finalement, il y a un passage dans le Psaume 33 qui est plus long, mais singulièrement approprié à la situation présente dans le monde, et spécialement au Moyen-Orient.

Que toute la terre craigne l'Eternel! Que tous les habitants du monde tremblent devant lui! Car il dit, et la chose arrive; il ordonne, et elle existe. L'Eternel renverse les desseins des nations, il anéantit les projets des peuples; les desseins de l'Eternel subsistent à toujours, et les projets de son coeur de géneration en génération. Heureuse la nation dont l'Eternel est le Dieu! Heureux le peuple qu'il choisit pour son héritage! (Psaume 33:8-12)

Voilà une déclaration explicite affirmant que c'est la parole de Dieu qui amena le monde à l'existence; et que c'est cette même parole qui dirige le cours de l'histoire. Les nations et leurs gouvernements peuvent tenir leurs conseils et émettre leurs décrets, mais chaque fois que ceux-ci sont en opposition avec la parole prophétique de Dieu, ils seront réduits à néant. Dieu accomplira tous ses conseils et toutes ses promesses concernant Israël, le peuple qu'il a choisi comme étant son propre héritage.

* * * * * * *

23. LOUEZ!

Une seconde arme spirituelle au pouvoir illimité est la *louange*. Dans le Psaume 8:3, David dit au Seigneur:

Par la bouche des enfants et de ceux qui sont à la mamelle tu as fondé ta gloire, pour imposer silence à l'ennemi et au vindicatif.

Qu'est-ce qui procède de la bouche et qui est le *fondement de sa gloire* parmi le peuple de Dieu? On trouve une réponse précise à cette question donnée par Jésus lui-même dans Matthieu 21:15-16. "Les principaux sacrificateurs et les scribes furent indignés... [par les] enfants qui criaient dans le temple: Hosanna au Fils de David!" et ils voulaient que Jésus les fasse taire. Cependant, pour leur répondre, Jésus fit référence aux paroles du Psaume 8:2: "N'avez-vous jamais lu: "Tu as tiré des louanges de la bouche des enfants et de ceux qui sont à la mamelle"?"

Par cette citation, Jésus a opéré un changement significatif. A la place des mots "fondé ta gloire", il a dit "tiré des louanges". Ce divin commentaire révèle que le *fondement de sa gloire* parmi le peuple de Dieu est la *louange*. Quand cette louange est rendue à travers les bouches de ceux-là même qui sont, par nature, les plus faibles - bébés et enfants -, elle a pour effet "d'imposer silence à l'ennemi et au vindicatif". Cette dernière expression est, bien sûr, une description du grand ennemi de Dieu et de l'homme: Satan.

Combien c'est important pour nous de garder cette vérité! Nous ne devons endurer passivement ni les affirmations arrogantes, ni les calomnies mensongères de ceux que Satan utilise comme canaux de son venin. Dieu nous a donné une arme qui peut les dépouiller de leur pouvoir à faire le mal. C'est l'arme dont il est fait référence dans Jérémie 31:7 - l'arme de chanter et de pousser des cris -, l'arme d'une louange retentissante, soutenue et joyeuse, offerte par des coeurs croyants à travers des lèvres sanctifiées. Quand nous, en tant que peuple de Dieu, répondons de cette manière, il intervient alors en notre faveur de façon étonnante.

Dans 2 Chroniques 20, nous sommes confrontés à une démonstration puissante du pouvoir de la louange. Josaphat, roi de Juda, apprit que son royaume avait été envahi de l'est par une grande armée ennemie. Il savait qu'il n'avait ni les hommes, ni les ressources pour attaquer une telle force. Alors il choisit d'avoir une réaction spirituelle: il appela son peuple à s'unir dans le jeûne et la prière.

Comme le peuple priait, un lévite se mit à faire une déclaration prophétique:

> *Ne craignez point et ne vous effrayez point devant cette multitude nombreuse, car ce ne sera pas vous qui combattrez, ce sera Dieu... Vous n'aurez point à combattre en cette affaire: présentez-vous, tenez-vous là, et vous verrez la délivrance que l'Eternel vous accordera. Juda et Jérusalem, ne craignez point et ne vous effrayez point; demain, sortez à leur rencontre, et l'Eternel sera avec vous!* (2 Chroniques 20:15,17)

Josaphat et son peuple reçurent ce message en inclinant le visage en signe d'adoration. Le jour suivant...

> *... il nomma des chantres qui, revêtus d'ornements sacrés, et marchant devant l'armée, célébraient*

l'Eternel et disaient: Louez l'Eternel, car sa miséricorde dure à toujours! (2 Chroniques 20:21)

A ce moment précis, il n'y avait encore eu aucun changement en ce qui concernait la situation militaire. Le peuple de Dieu était toujours désespérément minoritaire. Offrir une louange dans de telles circonstances était purement un action de foi, basé sur la parole prophétique qu'ils avaient reçue de Dieu. Mais le récit continue:

> *Au moment où l'on commençait les chants et les louanges, l'Eternel plaça une embuscade contre les fils d'Ammon et de Moab et ceux de la montagne de Séir, qui étaient venus contre Juda. Et ils furent battus. Les fils d'Ammon et de Moab se jetèrent sur les habitants de la montagne de Séir pour les dévouer par interdit et les exterminer; et quand ils en eurent fini avec les habitants de Séir, ils s'aidèrent les uns les autres à se détruire. Lorsque Juda fut arrivé sur la hauteur d'où l'on aperçoit le désert, ils regardèrent du côté de la multitude, et voici, c'était des cadavres étendus à terre, et personne n'avait échappé. Josaphat et son peuple allèrent prendre leurs dépouilles...* (versets 20:22-25)

La même réponse à la parole prophétique de Dieu peut encore faire venir aujourd'hui son intervention surnaturelle en faveur d'Israël.

* * * * * * *

24. PRIEZ!

Continuant après la *proclamation* et la *louange*, Jérémie 31:7 révèle une troisième réponse que Dieu demande alors qu'il rassemble Israël: la *prière*. Nous devons dire:

Eternel, délivre ton peuple, le reste d'Israël!

Cela signifie clairement de *prier pour le salut d'Israël*. Dieu est précis dans ce qu'il demande. Il ne dit pas seulement "priez pour Israël", mais spécifiquement "priez pour leur salut".

Dans Ezéchiel 36:37, nous trouvons un autre exemple d'une prière par laquelle Dieu révèle pourquoi il demande à son peuple de prier:

Ainsi parle le Seigneur, [l'Eternel]*: Pour leur accorder ceci encore, je me laisserai chercher par la maison d'Israël; je les multiplierai comme un troupeau humain*[11]

La version anglaise King James l'exprime avec plus de poids:

Ainsi parle le Seigneur, l'Eternel: Voici encore sur quoi je me laisserai fléchir par la maison d'Israël, voici ce que je ferai pour eux: je multiplierai les hommes comme un troupeau[12].

---

[11] Version française de la Bible de Jérusalem.

[12] Version française Segond, plus proche de la version anglaise

Lisant Ezéchiel 36:23-37 en hébreu, j'ai une fois compté que Dieu affirme dix-huit fois successivement, "je ferai..." Pas une seule fois il ne suggère que ses actions pour restaurer Israël procéderaient d'une autre source que de sa propre volonté.

Mais le verset 37 - le verset final de cette section - fait ressortir l'équilibre délicat entre le dessein préétabli de Dieu et la réponse de l'homme. Dieu, en effet, est en train de dire: "Même si ce que je suis en train de faire est établi, je ne le ferai pas tant que la maison d'Israël ne me demandera pas de le faire pour elle."

Cela souligne le rôle suprême de la prière. Son but n'est pas d'obtenir de Dieu qu'il fasse ce que nous voulons, mais de pouvoir devenir nous-mêmes les instruments à travers lesquels Dieu peut faire ce qu'il veut. En voici un parfait exemple dans Ezéchiel 36:37. Il n'est pas demandé à Israël d'improviser une prière ou de faire son propre choix. Dieu a déjà déclaré ce qu'il fera. Il attend, cependant, qu'Israël s'accorde avec sa volonté et lui demande de faire ce qu'il s'est déjà engagé à faire lui-même.

Pendant ce temps, Dieu donne aux chrétiens de la gentilité la responsabilité et le privilège "d'intercéder" en faveur d'Israël. Ils doivent faire cela en plaidant en faveur d'Israël pour les miséricordes que Dieu leur a promises, mais que la majorité des Israélites ne sont pas encore en position de saisir par leur propre foi.

Un de nos bons amis nous raconta l'histoire suivante lorsqu'il revint d'un voyage à Singapour. Il a rencontré là-bas un certain chrétien qui était allé rendre visite aux chrétiens de Chine et qui avait été présent à l'une de leurs réunions de prière. Il fut particulièrement impressionné par l'intense

---

King James, pour ce passage.

émotion avec laquelle l'un d'entre eux avait prié. Les larmes coulaient de ses yeux et mouillèrent son tee-shirt.

Alors le visiteur demanda à son interprète: "Pourquoi est-il en train de prier?" "Pour Israël", fut la réponse.

Une telle prière devait être d'origine surnaturelle, parce que les Chinois avaient reçu, à cette époque, très peu d'enseignement biblique et ne disposaient en aucune façon de vraies informations sur Israël. Quant à ce qui leur parvenait de sources communistes, cela avait probablement un parti pris négatif.

Encore que la Chine ne soit pas un cas isolé. Des groupes de chrétiens dans de nombreuses autres nations ont reçu un fardeau similaire et surnaturel d'intercession pour Israël. Par exemple, lors d'une récente visite au Kenya, j'ai rencontré des chrétiens africains qui étaient profondément touchés et priaient pour Israël. Aussi loin que je puisse m'en assurer, ils n'avaient reçu aucune prédication spécifique sur ce sujet. Leur motivation procédait directement du Saint-Esprit.

Il semble qu'en cette heure critique, le Saint-Esprit est en train de placer une insistance renouvelée sur la dette que tous les chrétiens gentils doivent au peuple juif. (Je parle en tant que chrétien gentil moi-même.)

Dans Jean 4:22, Jésus a énoncé une simple mais profonde vérité: "... le salut vient des Juifs". Cette déclaration exprime des faits historiques objectifs. Sans les Juifs, il n'y aurait eu ni patriarches, ni prophètes, ni apôtres, ni Bible et - par-dessus tout - ni Sauveur. Le salut - et chaque bénédiction spirituelle qui l'accompagne - est parvenu jusqu'aux gentils à travers un unique canal: le peuple juif.

En tant que gentils, il n'y a aucune façon par laquelle nous puissions vraiment rembourser cette dette. Cependant, il y a de nombreuses manières par lesquelles nous pouvons au moins le reconnaître. L'une des plus importantes consiste en une fervente et sincère intercession pour Israël, solidement enracinée dans les Ecritures prophétiques. De cette façon, nous pouvons entrer dans la merveilleuse expérience de travailler avec Dieu à la restauration finale d'Israël.

* * * * * * *

25. LE POINT CULMINANT

Jusqu'à maintenant, nous avons considéré Israël et l'Eglise comme s'ils étaient deux entités séparées; mais cela n'est pas vraiment exact. Lors de l'existence de la première Eglise, ses membres étaient exclusivement Israélites. En fait, lorsque les gens qui n'étaient pas Juifs commencèrent à vouloir être membres de l'Eglise, cela créa une crise. Les croyants juifs devaient décider si les gentils pouvaient être admis dans l'Eglise et, si c'était le cas, dans quelles conditions. Leur conclusion est rapportée dans les Actes 15:22-29: Les gentils, qui rempliraient certaines conditions simples, pourraient être membres, avec les croyants juifs, d'un seul corps - l'Eglise.

Cependant, au début du second siècle, la grande majorité du peuple juif ayant rejeté l'affirmation que Jésus est le Messie, se sont eux-mêmes complètement séparés de l'Eglise. Il s'en suivit qu'elle devint progressivement de plus en plus une Eglise de gentils dans sa personnalité. Néanmoins, à travers tous les siècles successifs, il y a toujours eu un nombre significatif de Juifs qui ont reconnu Jésus comme leur Messie et qui ont pris leur place en tant que membres de l'Eglise.

Dans la dernière partie du vingtième siècle, il y a eu une augmentation spectaculaire du nombre de Juifs qui ont reconnu Jésus comme leur Messie. Pourtant, la plupart d'entre eux ont été soucieux de maintenir leur identité historique en tant que Juifs. En conséquence, il y a un groupe distinct de croyants, au sein de l'ensemble du corps du Christ, qui sont caractérisés comme "Juifs messianiques".

Dans Romains 11:25-26, Paul parle principalement

aux chrétiens de la gentilité, et il partage avec eux un "mystère" - c'est-à-dire un projet de Dieu qui a été gardé secret, mais qui est maintenant révélé aux croyants:

> *Car je ne veux pas, frères, que vous ignoriez ce mystère, afin que vous ne vous regardiez point comme sages, c'est qu'une partie d'Israël est tombée dans l'endurcissement, jusqu'à ce que la totalité des païens soit entrée. Et ainsi tout Israël sera sauvé, selon qu'il est écrit: Le libérateur viendra de Sion, et il détournera de Jacob les impiétés. Et ce sera mon alliance avec eux, lorsque j'ôterai leurs péchés.*

Ce passage révèle deux étapes successives du plan de Dieu pour amener l'époque présente à son terme.

D'abord, les paroles de Jésus dans Matthieu 24:14 doivent être accomplies: "Cette bonne nouvelle du royaume sera prêchée dans le monde entier, pour servir de témoignage à toutes les nations. Alors viendra la fin."

Ensuite, lorsque le nombre définitif des gentils aura été amené dans l'Eglise, Dieu se tournera une nouvelle fois pleinement vers le reste préservé d'Israël et se révélera à eux dans la miséricorde et la grâce salvatrice.

Il apparaît que la transition pour passer de l'insistance sur les gentils à l'insistance sur les Juifs ne sera pas un événement instantané et unique, mais graduel et progressif. Nous nous trouvons déjà dans les premières étapes de cette transition.

Le point critique de la révélation du Seigneur pour Israël est prophétiquement décrit dans Zacharie 12:10:

> *Alors je répandrai sur la maison de David et sur les habitants de Jérusalem un esprit de grâce et de supplication, et ils tourneront les regards vers moi,*

celui qu'ils ont percé. Ils pleureront amèrement sur lui comme on pleure sur un premier-né.

A ce moment, et pour la première fois, Israël en tant que nation recevra une révélation surnaturelle de l'identité du Messie qui a été percé par les clous de la crucifixion.

Deux chapitres plus loin, Zacharie décrit le vrai retour du Messie en personne:

Ses pieds se poseront en ce jour sur la montagne des Oliviers, qui est vis-à-vis de Jérusalem, du côté de l'orient; la montagne des Oliviers se fendra par le milieu, à l'orient et à l'occident, et il se formera une très grande vallée; une moitié de la montagne reculera vers le septentrion, et une moitié vers le midi... Et l'Eternel, mon Dieu, viendra, et tous ses saints avec lui. (Zacharie 14:4-5)

Dans les pages finales de mon livre, *The Last Word on the Middle East* (*Le dernier mot sur le Moyen-Orient*), j'ai essayé de lever momentanément le voile sur la scène finale du drame concernant Israël et l'Eglise:

Dans cet acte final, tous les acteurs du drame consistant à établir le royaume de Dieu sur la terre sont amenés ensemble sur la scène. C'est la même scène sur laquelle toutes les crises précédentes du même drame se sont déroulée: Jérusalem et les montagnes qui l'entourent. L'armée angélique, les saints glorifiés et le reste préservé d'Israël prennent leurs places respectives. Mais la figure centrale, surpassant par son éclat toutes les autres et les conduisant ensemble autour de lui, est le Messie, le Roi. Ainsi le ciel justifiera la confession que chaque Juif orthodoxe a maintenue à travers les nombreux siècles - même sur le

chemin du bûcher ou de la chambre à gaz:
Je crois avec une foi parfaite à la venue du Messie; et même si elle tarde, j'attendrai encore chaque jour sa venue.

Le ciel répondra ainsi à la prière que l'apôtre Jean faisait sur l'île de Patmos alors qu'il était déjà âgé - la prière répétée par chaque vrai chrétien lorsqu'il lit les dernières lignes de son Nouveau Testament:

    Amen! Viens, Seigneur Jésus!
    * * * * * * *

26. CONCLUSIONS

Les analyses précédentes de la destinée d'Israël et de l'Eglise, telles qu'elles sont dévoilées dans les Ecritures, nous amènent à certaines conclusions importantes.

Premièrement: la seule source sûre de lumière à propos de la situation actuelle au Moyen-Orient est fournie par la *parole prophétique de Dieu*. Si nous ne cherchons pas la lumière qui vient de cette source, nous nous retrouverons inévitablement dans l'obscurité, sujets à beaucoup de formes de confusion et de tromperie.

Deuxièmement: les destinées d'Israël et de l'Eglise ont été déterminées par le Dieu de toute éternité sur la base de sa prescience. Leur accomplissement dans le temps est garanti par d'irrévocables alliances que Dieu a établies avec chacun d'eux.

Troisièmement: concernant tout le bien que Dieu a promis à Israël et à l'Eglise, tous deux sont également dépendants de la grâce de Dieu qui ne peut s'obtenir que par la foi.

Quatrièmement: d'énormes épreuves et pressions pèsent sur l'avenir à la fois d'Israël et de l'Eglise, mais ceux qui les endureront fidèlement auront le privilège de partager le royaume de Dieu avec lui pour toute l'éternité.

Cinquièmement: les chrétiens de la gentilité doivent leur héritage spirituel intégral à Israël. Une façon appropriée pour eux de reconnaître leur dette est de se tenir aux côtés d'Israël au milieu des pressions actuelles, et de les soutenir par une fidèle intercession.

Sixièmement: les peuples du Moyen-Orient ne connaîtront jamais de vraie justice ni de paix durable jusqu'à ce qu'ils se soumettent au dirigeant établi par Dieu, le Seigneur Jésus-Christ.

* * * * * * *

APPENDICE I

L'emploi d'*Israël* et d'*Israélite* dans le Nouveau Testament

Les passages qui sont des citations directes de l'Ancien Testament sont marqués d'un astérisque (*). Les deux passages où le mot *Israël* est utilisé dans un sens spécial, restreint, sont marqués d'une croix (+).

* 1. Matthieu 2:6   "... un chef qui paîtra *Israël*, mon peuple" (cité par Michée 5:1)
2. Matthieu 2:20   "... le pays d'*Israël*..."
3. Matthieu 2:21   "... le pays d'*Israël*..."
4. Matthieu 8:10   "... même en *Israël* je n'ai pas trouvé une aussi grande foi"
5. Matthieu 9:33   "... jamais pareille chose ne s'est vue en *Israël*"
6. Matthieu 10:6   "... vers les brebis perdues de la maison d'*Israël*"
7. Matthieu 10:23   "... vous n'aurez pas achevé de parcourir les villes d'*Israël*, que le Fils de l'homme sera venu"
8. Matthieu 15:24   "... qu'aux brebis perdues de la maison d'*Israël*"
9. Matthieu 15:31   "... elle glorifiait le Dieu d'*Israël*"
10. Matthieu 19:28   "... vous serez de même assis sur douze trônes, et vous jugerez les douze tribus d'*Israël*"
* 11. Matthieu 27:9   "... qu'on a estimé de la part des enfants d'*Israël*... (cité par Zacharie

	11:12-13)
12. Matthieu 27:42	"S'il est roi d'*Israël*, qu'il descende de la croix..."
* 13. Marc 12:29	"Ecoute, *Israël*..." (cité par Deutéronome 6:4-5)
14. Marc 15:32	"Que le Christ, le roi d'*Israël*, descende maintenant de la croix..."
15. Luc 1:16	"... il ramènera plusieurs des fils d'*Israël*..."
* 16. Luc 1:54	"Il a secouru *Israël*, son serviteur..." (cité [approx.] par Esaïe 41:8-10)
17. Luc 1:68	"Béni soit le Seigneur, le Dieu d'*Israël*..."
18. Luc 1:80	"... jusqu'au jour où il se présenta devant *Israël*"
19. Luc 2:25	"... il attendait la consolation d'*Israël*..."
* 20. Luc 2:32	"... lumière pour éclairer les nations, et gloire d'*Israël*, ton peuple" (cité par Esaïe 42:6; 49:6; 60:1-3)
21. Luc 2:34	"... la chute et le relèvement de plusieurs en *Israël*..."
22. Luc 4:25	"... plusieurs veuves en *Israël*..."
23. Luc 4:27	"... plusieurs lépreux en *Israël*..."
24. Luc 7:9	"... même en *Israël* je n'ai pas trouvé une aussi grande foi"
25. Luc 22:30	"... assis sur des trônes, pour juger les douze tribus d'*Israël*"
26. Luc 24:21	"... lui qui délivrerait *Israël*..."
27. Jean 1:31	"... afin qu'il fût manifesté à *Israël*..."
28. Jean 1:47	(Nathanaël)"... Voici vraiment un *Israélite*..."
29. Jean 1:49	"...tu es le roi d'*Israël*."

30. Jean 3:10	"Tu es le docteur d'*Israël*...!"
31. Jean 12:13	"... le roi d'*Israël*!"
32. Actes 1:6	"...rétabliras le royaume d'*Israël*?"
33. Actes 2:22	"... Hommes *israélites*..."
34. Actes 2:36	"Que toute la maison d'*Israël* sache..."
35. Actes 3:12	"... Hommes *israélites*..."
36. Actes 4:8	"Chefs du peuple et anciens d'*Israël*..."
37. Actes 4:10	"... que tout le peuple d'*Israël* le sache!..."
38. Actes 4:27	"... avec les nations et avec les peuples d'*Israël*..."
39. Actes 5:21	"... tous les anciens des fils d'*Israël*..."
40. Actes 5:31	"... pour donner à *Israël* la repentance..."
41. Actes 5:35	"... Hommes *israélites*..."
42. Actes 7:23	"... de visiter ses frères, les fils d'*Israël*."
43. Actes 7:37	"... Moïse qui dit aux fils d'*Israël*..."
* 44. Actes 7:42	"M'avez-vous offert ... maison d'*Israël*?" (cité par Amos 5:25-27)
45. Actes 9:15	"... pour porter mon nom devant les nations, devants les rois, et devant les fils d'*Israël*"
46. Actes 10:36	"... il a envoyé la parole aux fils d'*Israël*..."
47. Actes 13:16	"Hommes *israélites*..."
48. Actes 13:17	"Le Dieu de ce peuple d'*Israël*..."
49. Actes 13:23	"... Dieu ... a suscité à *Israël* un Sauveur..."
50. Actes 13:24	"... le baptême de repentance à tout le peuple d'*Israël*"

51. Actes 21:28		"Hommes *israélites*..."
52. Actes 28:20		"... à cause de l'espérance d'*Israël* que je porte cette chaîne."
+ 53-54. Romains 9:6		"... tous ceux qui descendent d'*Israël* ne sont pas *Israël*..."
55. Romains 9:27		"Esaïe, de son côté, s'écrie au sujet d'*Israël*..."
*56. Romains 9:27		"Quand le nombre des fils d'*Israël* serait comme le sable..." (cité par Esaïe 10:22-23)
57. Romains 9:31		"... tandis qu'*Israël*, qui cherchait une loi de justice..."
58. Romains 10:1		"... ma prière à Dieu pour *Israël*..."
59. Romains 10:19		"... *Israël* ne l'a-t-il pas su?"
60. Romains 10:21		"... d'*Israël* il dit..."
61. Romains 11:1		"... moi aussi je suis *Israélite*..."
62. Romains 11:2		"... il adresse à Dieu cette plainte contre *Israël*..."
63. Romains 11:7		"Ce qu'*Israël* cherche, il ne l'a pas obtenu..."
64. Romains 11:25 dans		"... une partie d'*Israël* est tombée l'endurcissement..."
65. Romains 11:26		"Et ainsi, tout *Israël* sera sauvé,..."
66. 1 Cor. 10:18		"Voyez les *Israélites* selon la chair..."
67. 2 Cor. 3:7		"... les fils d'*Israël* ne pouvaient fixer les regards sur le visage de Moïse..."
68. 2 Cor. 3:13		"... les fils d'*Israël* ne fixassent pas les regards sur la fin..."
+69. Galates 6:16		"... Paix et miséricorde ... sur l'*Israël* de Dieu!"
70. Ephésiens 2:12		"... privés du droit de cité en *Israël*..."
71. Philippiens 3:5		"... de la race d'*Israël*..."

*72.	Hébreux 8:8	"... je ferai avec la maison d'*Israël* ... une alliance nouvelle..." (Jérémie 31:31-34)
*73.	Hébreux 8:10	"... l'alliance que je ferai avec la maison '*Israël*" (Jérémie 31:31-34)
74.	Hébreux 11:22	"... Joseph ... fit mention de la sortie des fils d'*Israël*..."
75.	Apocalypse 2:14	"... Balaam ... mettre une pierre d'achoppement devant les fils d'*Israël*..."
76.	Apocalypse 7:4	"... cent quarante-quatre mille, de toutes les tribus des fils d'*Israël*..."
77.	Apocalypse 21:12	"...des noms écrits, ceux des douze tribus des fils d'*Israël*..."

APPENDICE II

Lorsque Dieu prête serment

Voici une liste de quarante-sept passages où Dieu a prêté serment concernant le pays de Canaan - plus tard renommé le pays d'Israël. Dans le Nouveau Testament, c'est ce dernier nom qui est en usage. (Voir Matthieu 2:20-21.)

Dans chaque cas, l'engagement de Dieu est de donner ce pays à Abraham, Isaac, Jacob et à leurs descendants. A trois reprises, le *serment* de Dieu est lié à son *alliance*, et ces passages sont marqués d'un astérisque (*). A trois reprises aussi, il est explicitement déclaré que la possession par Israël du pays est pour *toujours*, ou *éternelle*, et ces passages sont marqués d'une croix (+).

1. Genèse 24:7   "L'Eternel ... m'a *juré* [Abraham], en disant: Je donnerai ce pays à ta postérité..."
2. Genèse 26:3   "... je donnerai toutes ces contrées à toi [Isaac] et à ta postérité, et je tiendrai le *serment* que *j'ai fait* à Abraham, ton père"
3. Genèse 50:24 "Joseph dit à ses frères: ... Dieu ... vous fera remonter de ce pays-ci dans le pays qu'il a *juré* de donner à Abraham, à Isaac et à Jacob"
4. Exode 6:8   "Je vous [Israël] ferai entrer dans le pays que j'ai *juré* de donner à Abraham, à Isaac et à Jacob; je vous

		le donnerai en possession, moi l'Eternel"
5.	Exode 13:5	"Quand l'Eternel t'aura fait entrer dans le pays des Cananéens, des Héthiens, des Amoréens, des Héviens et des Jébusiens, qu'il a *juré* à tes pères de te donner..."
6.	Exode 13:11	"Quand l'Eternel t'aura fait entrer dans le pays des Cananéens, comme il l'a *juré* à toi et à tes pères, et qu'il te l'aura donné..."
+ 7.	Exode 32:13	"Souviens-toi d'Abraham, d'Isaac et d'Israël, tes serviteurs, auxquels tu as dit, en *jurant* par toi-même: ... je donnerai à vos descendants tout ce pays dont j'ai parlé, et ils le posséderont *à toujours*"
8.	Exode 33:1	"Va, pars d'ici ... vers le pays que j'ai *juré* de donner à Abraham, à Isaac et à Jacob, en disant: Je le donnerai à ta postérité"
9.	Nombres 11:12	"Porte-le sur ton sein ... jusqu'au pays que tu as *juré* à ses pères de lui donner"
10.	Nombres 14:16	"L'Eternel n'avait pas le pouvoir de mener ce peuple [Israël] dans le pays qu'il avait *juré* de lui donner..."
11.	Nombres 14:23	"... tous ceux-là [les Israélites incroyants] ne verront point le pays que j'ai *juré* à leurs pères de leur donner, tous ceux qui m'ont méprisé ne le verront point."
12.	Nombres 14:30	"... vous n'entrerez point dans le pays que j'avais *juré* de vous faire

	habiter..."
13. Nombres 32:11	"Ces hommes qui sont montés d'Egypte ... ne verront point le pays que j'ai *juré* de donner à Abraham, à Isaac et à Jacob, car ils n'ont pas suivi pleinement ma voie..."
14. Deutéronome 1:8	"... allez, et prenez possession du pays que l'Eternel a *juré* à vos pères, Abraham, Isaac et Jacob, de donner à eux et à leur postérité après eux"
15. Deutéronome 1:35	"Aucun des hommes de cette génération méchante ne verra le bon pays que j'ai *juré* de donner à vos pères..."
16. Deutéronome 6:10	"... L'Eternel, ton Dieu, te fera entrer dans le pays qu'il a *juré* à tes pères, à Abraham, à Isaac et à Jacob de te donner"
17. Deutéronome 6:18	"...et que tu entres en possession du bon pays que l'Eternel a *juré* à tes pères de te donner..."
18. Deutéronome 6:23	"... pour nous amener dans le pays qu'il avait *juré* à nos pères de nous donner"
19. Deutéronome 7:13	"Il [Dieu] t'aimera, il te bénira et te mulipliera ... dans le pays qu'il a *juré* à tes pères de te donner"
20. Deutéronome 8:1	"... que vous entriez en possession du pays que l'Eternel a *juré* de donner à vos pères"
21. Deutéronome 9:5	"Non, ce n'est point à cause de ta justice ... que tu entres en possession de leur pays; mais ... c'est pour confirmer la parole que l'Eternel a

juré à tes pères, à Abraham, à Isaac et à Jacob"

22. Deutéronome 10:11 "Lève-toi, va, marche à la tête du peuple. qu'ils aillent prendre possession du pays que j'ai *juré* à leurs pères de leur donner"

23. Deutéronome 11:9 "... afin que vous prolongiez vos jours dans le pays que l'Eternel a *juré* à vos pères de leur donner..."

24. Deutéronome 11:21 "... et alors vos jours et les jours de vos enfants, dans le pays que l'Eternel a *juré* à vos pères de leur donner, seront aussi nombreux..."

25. Deutéronome 19:8 "Lorsque l'Eternel, ton Dieu, aura élargi tes frontières, comme il l'a *juré* à tes pères, et qu'il t'aura donné tout le pays qu'il a promis à tes pères de te donner..."

26. Deutéronome 26:3 "... je suis entré dans le pays que l'Eternel a *juré* à nos pères de nous donner"

27. Deutéronome 26:15 "... bénis ton peuple d'Israël et le pays que tu nous a donné, comme tu l'avais *juré* à nos pères..."

28. Deutéronome 28:11 "L'Eternel te comblera de biens ... dans le pays que l'Eternel a *juré* à tes pères de te donner"

29. Deutéronome 30:20 "... que tu pourras demeurer dans le pays que l'Eternel a *juré* de donner à tes pères, Abraham, Isaac et Jacob"

30. Deutéronome 31:7 "... tu [Josué] entreras avec ce peuple dans le pays que l'Eternel a *juré* à leurs pères de leur donner..."

31. Deutéronome 31:20 "Car je mènerai ce peuple dans le

pays que j'ai *juré* à ses pères de lui donner..."

32. Deutéronome 31:21 "... avant même que je l'aie fait entrer dans le pays que j'ai *juré* de lui donner"

33. Deutéronome 31:23 "... c'est toi [Josué] qui feras entrer les enfants d'Israël dans le pays que j'ai *juré* de lui donner"

34. Deutéronome 34:4 "C'est là le pays que j'ai *juré* de donner à Abraham, à Isaac et à Jacob, en disant: Je le donnerai à ta postérité"

35. Josué 1:6 "... c'est toi [Josué] qui mettras ce peuple en possession du pays que j'ai *juré* à leurs pères de leur donner"

36. Josué 5:6 "... L'Eternel leur jura de ne pas leur faire voir le pays qu'il avait *juré* à leurs pères de nous donner..."

37. Josué 21:43 "C'est ainsi que l'Eternel donna à Israël tout le pays qu'il avait *juré* de donner à leurs pères..."

* 38. Juges 2:1 "Un envoyé de l'Eternel ... dit: ... je vous ai amené dans le pays que j'ai *juré* à vos pères de vous donner. J'ai dit: Jamais je ne romprai mon *alliance* avec vous"

*+39. 1 Chr. 16:15-18 "Rappelez-vous à toujours son *alliance*, ses promesses pour mille générations, l'*alliance* qu'il a traitée avec Abraham, et le *serment* qu'il a fait à Isaac; il l'a érigée pour Jacob en loi, pour Israël en *alliance éternelle*, disant: Je te donnerai le pays de Canaan..."

40. Néhémie 9:15		"... tu [le Seigneur] leur dis d'entrer en session du pays que tu avais *juré* de leur donner"
*+41. Psaume 105:8-11		"Il [le Seigneur] se rappelle à toujours son *alliance*, ses promesses pour mille générations, l'*alliance* qu'il a traitée avec Abraham, et le *serment* qu'il a fait à Isaac; il l'a érigée pour Jacob en loi, pour Israël en *alliance éternelle*, disant: Je te donnerai le pays de Canaan..."
42. Jérémie 11:5		"... et j'accomplirai le *serment* que j'ai *fait* à vos pères, de leur donner un pays où coulent le lait et le miel..."
43. Jérémie 32:22		"Tu [le Seigneur] leur as donné ce pays, que tu avais *juré* à leurs pères de leur donner..."
44. Ezéchiel 20:6		"En ce jour-là, je [le Seigneur] leur ai *(Version "Colombe")fait serment* à main levée de les faire passer du pays d'Egypte dans un pays que j'avais exploré pour eux..."
45. Ezéchiel 20:28		"Je [le Seigneur] les ai conduits dans le pays que j'avais *juré* de leur donner..."
46. Ezéchiel 20:42		"Et vous saurez que je suis l'Eternel, quand je vous ramènerai dans le pays d'Israël, dans le pays que j'avais *juré* de donner à vos pères"
47. Ezéchiel 47:14		"Vous en aurez la possession [le pays d'Israël] l'un comme l'autre; car j'ai *juré*, la main levée, de le donner à vos pères. Ce pays vous tombera

donc en partage"

TABLE DES MATIERES

	Introduction	page	5
1.	Au centre de l'attention mondiale	page	9
2.	Qui est Israël?	page	11
3.	Qui est Juif?	page	17
4.	"Ils ne sont pas Israël"	page	21
5.	L'Israël de Dieu	page	25
6.	Israël distinct de l'Eglise	page	29
7.	Qui est l'Eglise?	page	31
8.	L'élection	page	33
9.	Le reste des élus	page	37
10.	Les péchés d'Israël	page	41
11.	La restauration prédite d'Israël	page	45
12.	La restauration décrite d'Israël	page	49
13.	Un petit morceau de terre	page	53
14.	Les frontières de Dieu	page	59
15.	Un temps de réimplantation	page	63
16.	Dieu est-il injuste?	page	65
17.	D'abord les Juifs, puis les Gentils	page	69
18.	L'élection et l'Eglise	page	75
19.	Pas l'effort, mais l'union	page	81
20.	L'Eglise sera-t-elle aussi un reste?	page	83
21.	La réponse que Dieu demande	page	87
22.	Proclamez!	page	93
23.	Louez!	page	97
24.	Priez!	page	101
25.	Le point culminant	page	105
26.	Conclusions	page	109

Appendice I
    L'emploi d'Israël et d'Israélite
    dans le Nouveau Testament   page 111

Appendice II:
    Lorsque Dieu prête serment   page 117

Proclamations pour Israël

Celui qui a dispersé Israël le rassemblera, et il le gardera comme le berger garde son troupeau.[1]

Qu'ils soient confondus et qu'ils reculent, tous ceux qui haïssent Sion! Qu'ils soient comme l'herbe des toits, qui sèche avant qu'on l'arrache![2]

Car le sceptre de la méchanceté ne restera pas sur le lot des justes.[3]

L'Éternel ne délaissera pas son peuple, à cause de son grand nom, car l'Éternel a résolu de faire de vous son peuple.[4]

Que toute la terre craigne l'Eternel! Que tous les habitants du monde tremblent devant lui! Car il dit, et la chose arrive; il ordonne, et elle existe. L'Eternel renverse les desseins des nations, il anéantit les projets des peuples; les desseins de l'Eternel subsistent à toujours, et les projets de son cœur, de génération en génération. Heureuse la nation dont l'Eternel est le Dieu! Heureux le peuple qu'il choisit pour son héritage![5]

Fais resplendir l'immensité de ton amour, toi qui délivres des agresseurs ceux qui se réfugient auprès de toi! Garde Israël comme la prunelle de tes yeux! Cache Israël bien à l'abri sous tes ailes, loin des ennemis qui s'acharnent contre lui et loin des méchants qui le cernent![6]

Je demande la paix de Jérusalem. Que la paix soit dans tes murs, et la tranquillité dans tes palais![7]

Sois pour Israël une muraille de feu tout autour, et sa gloire au milieu d'elle![8]

1. Jér. 31:10b
2. Ps. 129:5-6
3. Ps. 125:3a
4. 1 Sam. 12:22
5. Ps. 33:8-12
6. Ps. 17:7-9
7. Ps. 122:6-7
8. Zac. 2:5

Vous pouvez devenir membre de notre Association

*"**Derek Prince** Ministries France"*
☑ pour une cotisation de 24 € par an.

Vous recevrez:

☞ une réduction de 5 % sur tous vos achats,
☞ en plus des lettres d'enseignement, des articles de **Derek Prince** quatre fois par an, gratuitement,
☞ la lettre de nouvelles de "Derek Prince Ministries France",
☞ en avant première, vous serez tenu au courant de toutes les nouvelles parutions.

En plus, vous soutiendrez notre œuvre missionnaire dans les pays francophones en dehors de l'Europe!

Pour toute information:

DEREK PRINCE MINISTRIES FRANCE
9, Route d'Oupia, B.P. 31, 34210 Olonzac FRANCE
tél. (33) 04 68 91 38 72 fax (33) 04 68 91 38 63
info@derekprince. * www.derekprince.fr

Cessez de vous trouver des excuses et faîtes en sorte que votre désir d'étudier la parole de Dieu devienne une réalité !

*Cours biblique par correspondance:
'Les fondations chrétiennes'
par Derek Prince*

La plupart des chrétiens ont un désir sincère d'une meilleure connaissance de la Bible. Ils savent qu'une étude suivie et approfondie de la parole de Dieu est indispensable pour mûrir et vivre une vie chrétienne efficace. Malheureusement, la plupart manquent aussi de discipline, de direction et de motivation pour réussir une telle étude. Par conséquent, ils passent à coté des nombreux avantages obtenus par la connaissance et l'application de la Parole. Afin de fournir une direction et une discipline systématique dans l'étude de la Bible, Derek Prince a développé le cours par correspondance 'Les fondations chrétiennes' (sur la base des livres 'La série des fondements de la foi'). Cette étude par correspondance vous permet de travailler à votre propre rythme, tout en offrant l'avantage d'un contact direct avec un coordinateur biblique qui peut vous fournir une direction ou de l'aide. Le cours est conçu autour de techniques d'enseignements établies et efficaces et est méthodique, avec des fondements bibliques et pratiques. Si vous souhaitez obtenir une brochure gratuite vous donnant plus d'informations sur le cours et comment vous inscrire (Europe, DOM/TOM et Amérique du Nord seulement), merci de contacter:

Derek Prince Ministries France, B.P 31, 34210 Olonzac
Tel 04 68 91 38 72, fax 04 68 91 38 63
Email: info@derekprince

NOTES PERSONNELLES

www.ingramcontent.com/pod-product-compliance
Lightning Source LLC
Chambersburg PA
CBHW071517040426
42444CB00008B/1683